Der Staat

und

das Versicherungswesen.

Von

Dr. Ernst Rellstab.

Springer-Verlag Berlin Heidelberg GmbH 1882

ISBN 978-3-662-32506-3   ISBN 978-3-662-33333-4 (eBook)
DOI 10.1007/978-3-662-33333-4

Inhalt.

Einleitung.

Zu denjenigen allgemeinen Fragen, welche durchaus nur eine, den Verhältnissen des besonderen Falles entsprechende, d. h. also relative Antwort vertragen, gehört die nach dem Beruf der Staatsgewalt auf wirthschaftlichem Gebiet. Einige Forscher haben freilich geglaubt, auch hier absolute Theorieen aufstellen zu können. Allein dieselben laufen einander schnurstracks entgegen, und schon daraus ergiebt sich ihre Unhaltbarkeit und ihre praktische Unausführbarkeit.

Es ist ebenso falsch, dem Staate jeden Beruf abzusprechen, seinen Angehörigen die Befriedigung ihrer berechtigten Bedürfnisse auf wirthschaftlichem Gebiet selbstständig darzubieten, als andrerseits für ihn Monopole zu beanspruchen, oder ihn als Concurrenten so hinzustellen, daß dadurch die schaffende Kraft und Unternehmungslust des Individuums gehemmt oder gar völlig lahmgelegt wird.

Wenn wir nun die Frage aufwerfen, woran denn die besonderen Fälle zu erkennen sind, in welchen die Staatsgewalt selbst (gleichviel ob für eigene Rechnung oder durch delegirten Betrieb) die Befriedigung der Wirthschaftsbedürfnisse der Staatsangehörigen übernehmen muß, so ergeben sich drei Kriterien dafür; nämlich entweder:

1. Das Nicht-Können, oder
2. das Nicht-Sollen, oder endlich
3. das Nicht-Wollen

der Privaten.

1

Die Staatsgewalt hat also immer erst in zweiter Linie ein=
zutreten; daraus ergiebt sich, daß sie überhaupt zurückzutreten hat,
sobald der Nachweis geführt wird, daß das im concreten Fall
Maßgebende resp. maßgebend Gewesene unter den drei Kriterien
nicht oder nicht mehr vorhanden ist. In welchen Formen dies
geschieht, ist für die Sache selbst von keinem Belang. Ebensowenig
kann a priori einem Theil das onus probandi übertragen werden.
In der Regel wird es derjenige übernehmen müssen, der eine Ver=
änderung des bestehenden Zustandes herbeizuführen für nöthig erachtet.
So hatte z. B. die Preußische Regierung die Pflicht, dem Land=
tage die Gründe auseinanderzusetzen, welche ihr die Uebernahme
von Privateisenbahnen in Staatsbetrieb als im öffentlichen Interesse
nothwendig erscheinen ließen. Ob diese Gründe wirklich sachlich
durchschlagend waren, ist eine andere Frage und hier nicht der Ort
sie zu prüfen.

Bevor wir nun auf jene Kriterien näher eingehen, ist es
erforderlich, auf den Unterschied in der Privat=Wirthschaft hinzu=
weisen, welcher zwischen der Einzel= und der in der Form von Ge=
nossenschaften, Gegenseitigkeits=Vereinen, Actien=Gesellschaften mit
reinem oder gemischtem Princip, oder Actien=Commanditgesellschaften
erscheinenden Gemein=Wirthschaft besteht.

Dieser liegt nämlich lediglich in dem bei dem Einzelnen,
oder vielmehr bei der die Generation durch Erbgang mit Rechten
und Pflichten verbindenden Familie, als dem volkswirthschaftlichen
Atom vorhandenen Mangel der zur Durchführung einer Unter=
nehmung erforderlichen Mittel, — materieller wie ideeller, aber niemals
in dem Gegenstande der Unternehmung selbst.

Daher ist auch das Versicherungswesen an sich des Betriebes
durch Einzelne wohl fähig, wofür der thatsächliche Beweis durch die
Geschichte der Seetransportversicherung in England geführt wird.
Jahrhunderte lang betrieben einzelne underwriters dieselbe allein, bis
sich seit 1720 allmälig Gesellschaften für diesen Geschäftszweig
bildeten, als eben die zum Betriebe desselben nöthigen Mittel das
Vermögen einzelner Unternehmer überstiegen.

Man hat wohl gesagt, daß der Grund, warum das Ver=
sicherungswesen nur von Gesellschaften betrieben werden könne,
darin liege, daß dasselbe Einrichtungen erheische, welche die Lebens=

dauer eines einzelnen Mannes überschritten. Allein man hat dabei übersehen, daß, wenn aus diesem Grunde der Betrieb von Ver= sicherungsgeschäften dem Einzelnen untersagt würde, hierin die Consequenz läge, das Privatgrundeigenthum und das Individual= eigenthum an Kapital überhaupt zu negiren.

Diese private Gemeinwirthschaft bildet das Uebergangsglied von der Einzel= zu der Staats=Wirthschaft, unter welcher wir hier auch provincielle, communale und ständische Gemeinwirthschaften mit begriffen wissen wollen — ein Uebergangs= oder Vermittlungs= glied deßhalb, weil an ihrer Organisation öffentliche Interessen haften, und ihr deshalb gewisse Formen für ihre Verfassung und Verwaltung vorgeschrieben sind, welche der privaten Einzelwirth= schaft gegenüber außer Betracht bleiben. —

Wir bezeichneten als erstes Kriterium für den Eintritt der Staatsgewalt in wirthschaftliche Functionen das Nicht=Können der Privaten.

Damit ist nicht allein ein Mangel an finanziellen Mitteln gemeint; man sollte zwar glauben, daß in unserer Zeit bei der leichten Vereinigung selbst der ungeheuersten Geldsummen kein Unternehmen so riesig sein könnte, als daß Privatmittel dazu nicht ausreichen sollten. Indessen hat die Erfahrung gelehrt, daß nicht allein bei der Entwerfung des Planes die Kosten oft unzureichend ver= anschlagt waren, sondern daß auch sorgfältig erwogene Unterneh= mungen in Folge des Eintritts nicht vorher zu sehender Umstände ins Stocken geriethen und gänzlich zu zerfallen drohten, wenn sie nicht vom Staat übernommen würden. Mehrere Eisenbahnunter= nehmungen (Pommersche Centralbahn, Berliner Stadtbahn), sind redende Beispiele davon.

Aber das Nicht=Können der Privaten liegt auch zuweilen in ganz andern Verhältnissen. Wenn sich nämlich das Unter= nehmen auf dem Grenzgebiet zwischen Privat=Rechten und den Hoheits=Rechten des Staates bewegt, so daß ein beiderseitiges Ueber= und Ineinandergreifen stattfindet, so wird dasselbe nicht von Privaten übernommen werden dürfen, weil diese Hoheits=Rechte ihrer Natur nach nicht an Private delegirt werden können. Wo es also das Unternehmen an sich erfordert, daß solche Hoheitsrechte geltend gemacht und Privat=Rechte auf Grund ihrer beschränkt werden, da ist es eben eine nothwendige Consequenz, daß auch das Unternehmen selbst nur in die Hände des Staats gelegt werden kann, bezw. in denselben liegen bleiben muß. Dies ist z. B. der Fall, wenn mit demselben die Regulirung öffentlicher Wasserstraßen und Wasserkräfte verknüpft ist. *)

Im speciellen Fall kann es theoretisch zweifelhaft sein, ob man sich dabei mehr auf dem Gebiet des Nicht=Könnens oder des Nicht=Sollens bewegt, denn da es sich bei diesem zweiten Kriterium um die dem Staat vorbehaltenen Regalien handelt, so greifen beide Kriterien so ineinander, daß ihre Trennung kaum möglich ist. Praktisch kommt auch wenig darauf an, denn an sich würde meistens, vielleicht sogar ausnahmslos einem Privatbetrieb, sei dieser einzel= oder gemeinwirthschaftlich, nichts im Wege stehen, wie dies ja auch an sich die Geschichte aller Regalien beweist, welche ja doch nicht von Anfang an solche gewesen, sondern erst im Laufe ihrer Entwicklung dazu geworden sind, wobei sich dann als rechtliche Consequenz die Entschädigung der früheren Betriebsunternehmer ergeben hat. Diese Consequenz muß auch eintreten, wenn der Staat neuerdings für ein Regal erklären, und in alleinigen, monopolirten Betrieb über= nehmen würde, was bisher der Privatwirthschaft, gleichviel ob die= selbe in der Form des einzel= oder des gemeinwirthschaftlichen Betriebes aufgetreten ist, überlassen war.

Das dritte Kriterium endlich, das des Nicht=Wollens, hat zur Voraussetzung die zu Tage liegende oder gefürchtete zeit= liche oder dauernde Unrentabilität eines Unternehmens, dessen Ausführung an sich im öffentlichen Interesse liegt. Zahlreiche Eisenbahnbauten sind ein Beleg dafür. Ein Mittelding oder, wenn man lieber will, ein Ausweg, um die Ausführung oder die Ueber= nahme des bereits ausgeführten Unternehmens durch den Staat zu vermeiden, liegt in der Gewährung einer Zinsgarantie für das von den ersten Unternehmern gewagte Kapital. Hierdurch wird der Staat als solcher von den directen wirthschaftlichen Functionen zwar befreit, tritt aber indirect, d. h. mit den ihm zu Gebote stehenden finanziellen Mitteln in dieselbe ein.

---

*) Hieran scheiterte z. B. seiner Zeit der Versuch, die der Seehandlung gehö= rigen Bromberger Mühlen in Privatbesitz, in den gemeinwirthschaftlichen Betrieb einer Actiengesellschaft überzuführen.

Die oberſte Staatsgewalt hat nun unzweifelhaft das Recht, gewiſſe Betriebe, für welche eine Privatwirthſchaft nicht vorhanden iſt und welche ſie ſelbſt zu übernehmen, ſei es aus rein praktiſchen, ſei es aus anderen Gründen, nicht für gut findet, auf untergeord= nete Organe zu übertragen. Von wem dabei die Initiative aus= geht, ob von der Staatsgewalt oder ob von provinziellen, communalen oder ſtändiſchen Körperſchaften, iſt unerheblich. Findet alſo eine ſolche Uebertragung ſtatt, ſo wird ſich die Conſequenz hauptſächlich in der localen Beſchränkung ihres Gebietes zeigen.

Dies war im vorigen Jahrhundert bei der Gründung von Staats = Feuer = Aſſekuranzen der Fall. Privatunternehmer waren in Preußen nur an der Weichſel (Tiegenhof und Marienburger Niederung) vorhanden, die Nothwendigkeit einer viel ausgedehnteren Sicherung des unbeweglichen Eigenthums gegen die Folgen des ent= feſſelten Elements, bezw. Sicherung einer Wiederherſtellung des Eigenthums nach eingetretenen Folgen der Entfeſſelung wurde jedoch von der Staatsgewalt, welche ſich zu jener Zeit gewiſſer= maßen mit ihren oberſten Trägern identificirte, klar erkannt, und deshalb zur Gründung local beſchränkter Verbände in der Form öffentlicher Gegenſeitigkeitsanſtalten geſchritten.

Erstes Kapitel.

Die genetische Entwickelung des Versicherungswesens in Deutschland.

Der westphälische Friede hatte zwar den Drangsalen des dreißigjährigen Krieges ein Ziel gesetzt und Deutschland politisch neu geordnet, aber den traurigen Rückgang der gesammten Cultur ungeschehen zu machen — das hatte er nicht vermocht. Es bedurfte mehr als e i n e s Jahrhunderts, um die Verwüstungen wieder gut zu machen, die dieser Krieg angerichtet hatte; denn auch der Rest des siebzehnten Jahrhunderts war mit Kämpfen erfüllt, wenn sie auch mehr auswärtigen Feinden galten und meist an den Grenzen geführt wurden.

Solche Zustände sind natürlich der Entwickelung wirthschaftlicher größerer Unternehmungen nicht günstig. Mit um so größerer Befriedigung können wir daher konstatiren, daß mehrere von wackeren deutschen Männern in jenen stürmischen Zeiten gegründeten Local-Versicherungsvereine sich bis auf unsere Tage erhalten haben. Es sind dies:

1. die Neuendorfer Mobiliarversicherungsgilde in Holstein von 1585;
2. die Tiegenhöf'sche Brandordnung von 1623, welche ursprünglich nur Immobiliar, seit 1867 auch Mobiliar versichert;
3. die Seestermüher-Käthner Brandgilde für Mobiliar von 1641;
4. die Groß Kolmarische-Käthner Gilde für Mobiliar von 1665;
5. die Windberger Mobiliargilde von 1667;

6. die Societät der Marienburger Niederung für Immobiliar von 1670, welche gleichfalls seit 1867 auch Mobiliar ver=sichert;

7. die Hademarscher Mobiliargilde von 1674;

8. die Heidemühlener Wirthsgilde für Vieh und Inventar und

9. die Heidemühlener Knechtsgilde, beide von 1681;

10. die Bahrenflether Gilde von 1690 für Immobiliar und

11. die Münsterdorfer Mobiliargilde von 1695;

mit Ausnahme der ad 2 und 6 genannten westpreußischen Vereine, sämmtlich in Holstein belegen.

Eine größere Bedeutung können jedoch diese nur auf ihre engste Heimath beschränkten Vereine, deren Gesammtversicherungs=summe sich auf etwa 42—43 Millionen Mark belaufen mag, in wirthschaftlicher Beziehung nicht beanspruchen.

Immerhin gebührt aber der Privat=Gemeinwirthschaft der Ruhm der Priorität im deutschen Versicherungswesen, sowohl für unbewegliches wie für bewegliches Eigenthum.

Das erste Beispiel einer Staatsassecuranz bietet die Ham=burger Feuerkasse von 1677. Ihr folgte die Berliner städtische Feuer=Societät von 1718, über deren Vorläufer und Entstehungs=geschichte der jüngst erschienene Verwaltungsbericht des Magistrats dankenswerthe und interessante Mittheilungen giebt.*)

---

*) Den Segen einer „Feuerkasse" wollte schon der Große Kurfürst seinen Residenzstädten Berlin, Köln und Friedrichswerder zu Theil werden lassen, und erließ am 12. Mai 1685 ein seine Absicht kundthuendes Rescript an die Bürgermeister und Rathmannen dieser Städte, dem er auch den Entwurf einer Feuerkassenordnung beilegte. Aber die Weisheit der damaligen Lenker der Stadt war bis zur Einsicht in die Nothwendigkeit einer solchen Ordnung noch nicht vorgedrungen, lehnte vielmehr „in gehorsamster und fußfälliger Sub=mission" den Vorschlag ab. Zwanzig Jahre später gründete dann König Friedrich I. du ch Reglement vom 5. October 1705 eine General=Feuerkasse für den ganzen Staat, in welche alle Hauseigenthümer ohne Unterschied der Religion, des Standes und der Person ihre Häuser, Höfe und andere Gebäude nicht nur, sondern auch ihr gesammtes Mobiliar einschließlich des lebenden Viehes einzeichnen zu lassen befugt sein sollten. Die Beiträge wurden — ohne jede Klassification — für das 1. Jahr auf 12 Groschen für 100 Thaler Versicherungssumme, für das 2. und 3. auf je 6 Groschen, für das 4. und 5. auf je 4, und vom 6. Jahr ab auf 3 Groschen festgesetzt. Diese Kasse sollte besonders verwaltet, nicht mit Domainen= und Kammer=Einkünften verge=meinschaftet werden, und der König verspricht, sich jedes Eingriffs in dieselbe

Friedrich Wilhelm I. befolgte das Princip, für die Städte seiner drei Provinzen Brandenburg, Pommern und Preußen je zwei öffentliche Kassen zu gründen, und zwar je eine für die Hauptstädte (Berlin, Stettin, Königsberg) und je eine für die übrigen. Gemeinsam war allen der Zwang zum Beitritt, sowie die Zahlung der Brandentschädigungsgelder nur zum Wiederaufbau. Dies geschah in den Jahren ·1718, 1719, 1720 und 1723, womit die Thätigkeit des Königs auf diesem Gebiet erschöpft war.

Friedrich der Große nahm dieselbe in ähnlicher Weise wieder auf, und gründete nach dem ersten Schlesischen Kriege die Societät für die Stadt Breslau (1744), nach dem zweiten die für die Schlesischen Städte (1748), nach dem siebenjährigen die für die Kurmark und Niederlausitz (1765), für die Städte Stralsund (1771) und Elbing (1773), für Neuvorpommern (1776), für die Neumark (1777), und endlich nach der ersten Theilung Polens für den an Preußen gekommenen Theil die für die Städte und das platte Land Westpreußens (1785). Wir sehen daraus, daß dieser König seine Aufgabe schon etwas weiter gegriffen hatte, indem er nicht nur für die Wohlfahrt der Städte, sondern auch für die Stärkung bezw. Wiederherstellung des Realcredits der durch die Kriege verarmten Rittergutsbesitzer zu sorgen sich für verpflichtet hielt, da er dieselben als die Hauptstütze, ja als das eigentliche Fundament des Staates betrachtete. Der Nebenzweck, ihnen das Bewußtsein eines abgeschlossenen Standes noch mit besonderer Stärke zu imputiren, mag wohl auch vorhanden gewesen sein.

Es darf nicht ungesagt bleiben, daß außer den genannten

---

zu enthalten. Aber schon das Reglement vom 17. Juni 1706 führte für die Gebäude den Zwang ein, und zwar bis zu einem Drittel ihres Taxwerths, für das zweite Drittel war die Einzeichnung freigegeben, während das dritte Drittel, wie auch in dem ersten Reglement, der „Selbstversicherung" überlassen wurde behufs größerer Vorsorge und Obdacht auf Feuer und Licht! Gleichzeitig wurden die Beiträge auf 3 Groschen für 100 Thaler überhaupt herabgesetzt. Die Brandentschädigungen wurden nur zum Zweck des Wiederaufbaues der Häuser gezahlt. — Allein schon 1711 mußte die Kasse wieder aufgehoben werden (Reglement vom 17. Januar), weil ihre Einrichtung zu beständigen Klagen geführt hatte. Friedrich Wilhelm I. war praktischer. Er lokalisirte die Feuerkassen, schloß die Mobiliarversicherung aus, und erhob Beiträge nachträglich „so viel als die Noth erfordert". Die Reglements sind abgedruckt bei Mylius C. C. M. tom. V.

noch eine größere Zahl kleiner, local sehr beschränkter Societäten entstanden war, welche jedoch allmälig in die Provinzial-Institute aufgingen, namentlich, seit die Preußische Regierung in den dreißiger Jahren dieses Jahrhunderts den Grundsatz ausgesprochen hatte, daß für jede Provinz in der Regel nur eine öffentliche Societät — d. h. je eine für die Städte und je eine für das platte Land — bestehen bleiben sollte.

Im übrigen Deutschland wurde das Beispiel Preußens insofern nachgeahmt, als dort gleichfalls öffentliche Brandkassen errichtet wurden, nämlich:

für das Kurfürstenthum Hannover	1750,
„ das Herzogthum Braunschweig	„
„ Anhalt-Bernburg	1751,
„ die Ostfriesischen Städte in Aurich	1754,
„ die Grafschaften Oldenburg und Delmenhorst	1764,
„ Hessen-Kassel	1767,
„ das platte Land von Ostfriesland	1768,
„ Sachsen-Weimar	1768,
„ Sachsen-Altenburg	1776,
„ Rostock	1782,
„ das Kurfürstenthum Sachsen	1784,

alle diese jedoch mit dem wesentlichen Unterschiede, daß hier der Staat selbst die Verwaltung in die Hand nahm, während in Preußen der Betrieb an die Städte resp. die Stände delegirt worden war.

Die Gebäude-Feuerversicherung wurde nämlich dadurch unter die Zahl der Regalien aufgenommen, wozu in ihrer Natur durchaus keine zwingende Nothwendigkeit liegt. Denn zu den Hoheitsrechten des Staates, deren Ausübung nur ihm selbst überlassen bleiben muß, wenn er nicht eine seiner wesentlichen Aufgaben verfehlen will, kann sie nicht gezählt werden. Uebrigens gab es für den directen Staatsbetrieb einen zwar mehr äußerlichen, jedoch nicht leicht wiegenden Grund.

Man hatte eingesehen, daß so kleine Territorien, wie die meisten der oben genannten und viele andere noch kleinere, mehrere Anstalten nicht tragen konnten, da schon damals das Grundprinzip der Feuerversicherung, nämlich Vertheilung der Gefahr auf

ein räumlich möglichst ausgedehntes Gebiet und die Noth=
wendigkeit der Uebertragung derselben von einem Rifiko auf das
andere, wir möchten sagen: instinktiv erkannt wurde. Jedes Länd=
chen konnte also nur eine Brandkasse haben, und diese war dann
regelmäßig eine Landeskasse.*)

Diese geschichtliche Entwicklung des Feuerversicherungswesens
in Deutschland drängt uns die Frage auf: aus welchen Gründen
dasselbe damals unter den Gesichtspunkt einer staatlichen Auf=
gabe gestellt wurde?

Die wirthschaftlichen Zustände und Thätigkeitsäußerungen eines
Volkes stehen, wie allgemein anerkannt, in einem organischen Zu=
sammenhange mit den politischen, den kirchlichen und den sittlichen.
Sie sind alle Glieder einer Kette, und kein einzelnes derselben kann
herausgenommen und als für sich stehend angesehen und beurtheilt
werden. Sie bilden einen geschlossenen einheitlichen Verband, aus
welchem heraus sie erwachsen, und innerhalb dessen sie sich ausbilden.

Das schon erwähnte Rescript des großen Kurfürsten, vom
12. Mai 1685 verwahrt sich ausdrücklich dagegen, daß die zu erhe=
benden Beiträge zur Feuerkasse etwa zu einer neuen Auflage oder zu
einem andern Zweck verwendet werden sollen, als zu demjenigen,
wozu sie gewidmet seien. Es sichert ferner den Einwohnern die
alleinige Disposition darüber, jedoch unter Direktion oder Inspektion
des kurfürstlichen General=Kommerzien=Kollegiums zu. Der wahre
Grund aber, warum der Kurfürst bei den Berliner städtischen
Behörden mit seiner guten Absicht nicht durchdringen konnte, ist
aus der ziemlich langathmigen Supplik derselben nicht deut=

---

*) Auch eine Anzahl rein lokaler Privat=Gegenseitigkeits=Vereine theils
für Immobiliar, theils für Mobiliar, einzelne für beides, von denen heut noch
49 bestehen, wurde im achtzehnten Jahrhundert ins Leben gerufen. Mit Aus=
nahme des Privat=Feuerversicherungsvereins für die Stadt Krefeld (1760); der
Vereine für die Colonien im Kreise Niederbarnim (1771, der seit 1863 auch
Mobiliar versichert), für die Colonien im Rentamt Neustadt (1776), für die
Mühlen in Neu=Vorpommern und Rügen für Immobilien (1776), die Mühlen=
brand=Societät von Ostfriesland (1779), und des Immobiliar=Versicherungs=
Vereins für die Colonien im Rentamt Pyrehne (1794) gehören sie sämmtlich
Holstein an. Eine Bedeutung im Wirthschaftsleben der Nation können auch
sie nicht beanspruchen. Ihre Gesammtversicherungssumme mag sich auf etwa
115 Millionen Mark belaufen, so daß auf jeden Verein durchschnittlich ca. 2$\frac{1}{3}$
Million entfallen.

lich zu ersehen. Wie es gewöhnlich zu geschehen pflegt, sind auch hier halbwahre Gründe vorgeschoben: nämlich die Ungleichheit der Hamburger und der Berliner Vermögensverhältnisse, welche eine Uebertragung der für die reichere Stadt passenden Bestimmungen auf die ärmere nicht thunlich erscheinen ließen; ferner die Befürchtung, daß der Eigenthümer eines brennenden Hauses nicht energisch genug am Löschen theilnehmen würde, wenn er wüßte, daß die Kosten des Neubaues auf die Tasche seiner Mitbürger entfielen. Uns scheint der wirkliche Grund der Ablehnung vielmehr darin zu liegen, daß die Feuerkassenbeiträge an den städtischen Grundbesitz als solchen geheftet wurden und also die Natur einer direkten Steuer annahmen. Damals aber flossen die Einkünfte der deutschen Territorialherren neben den Erträgen der Domänen nur aus indirekten Steuern und die Befürchtung, daß sich hinter diesen Feuerkassenbeiträgen eine versuchte Vermehrung der landesfürstlichen Einkünfte verstecke, ist sicherlich vorhanden gewesen. Denn noch zwanzig Jahre später, als der Sohn den Versuch des Vaters in sehr erweitertem Maßstabe, wie oben gesagt, erneuerte, fühlte auch er sich berufen, die väterliche Zusicherung, daß die eingehenden Gelder zu keinem anderen als dem angegebenen Zwecke verwendet werden und mit keiner fürstlichen Kasse „vergemeinschaftet" werden sollten, feierlichst zu wiederholen. Dennoch scheiterte auch sein Versuch. Der passive Widerstand, den er fand, war stärker als seine aktive Thatkraft.

Erst der rücksichtslosen Energie des Enkels gelang auch dieses Werk. Freilich brach Friedrich Wilhelm I., und das ist eines der charakteristischen Kennzeichen seiner Regierung, mit den altgermanischen Prinzipien der Selbstverwaltung und der Decentralisation.

Es ist eine merkwürdige Erscheinung, daß dieser deutsche Fürst gerade durch die Annahme des französischen Prinzips der Centralisation so große Erfolge erzielte. Aber der Einfluß, welchen die Persönlichkeit Ludwig XIV. und die wirthschaftlichen Prinzipien seines großen Ministers Colbert ausgeübt hatten, übertrugen sich auf das 18. Jahrhundert und verliehen auch dieser Periode den Charakter einer durch den absoluten Einzelwillen seiner Fürsten bestimmten Zeit. Friedrich Wilhelm I. kann als der Typus desselben gelten. Um seinem Staat die äußere Machtstellung zu sichern, mußte er alle inneren Kräfte desselben zusammennehmen und zu einem Ganzen gestalten. Dadurch erhalten seine Aussprüche: „Ich will die souveraineté stabiliren, wie einen rocher de bronce" und „Wir sind Herr und König, und können thun, was wir wollen" ihr ethisches Fundament. Sie prägen den Stempel seines Geistes und seiner Zeit schärfer und klarer aus, als irgend etwas Anderes.

Die vornehmste dieser inneren Kräfte des Staates war die Steuerfähigkeit der Bevölkerung. Sie zu erhalten, mußten unter Anderem auch dafür Vorkehrungen getroffen werden, daß die mensch= lichen Wohnungen, dieser mühsam erworbene Besitz, gegen die feind= seligen Elemente*) geschützt und der Cultur erhalten würden. Wenn aber doch alle Vorkehrungen nutzlos blieben, so sollte darum der Einzelne nicht zu Grunde gehen. Deshalb schuf der König mit praktischem Sinn jene gegenseitigen Versicherungen; zunächst die für Berlin im Jahre 1718.

Der Ersatz des Feuerschadens war ihm also Mittel zu dem höheren Zweck der Erhaltung einer steuerfähigen Unterthanenschaft. Der dafür verordnete Beitrittszwang entsprach ebenso der allgemeinen volkswirthschaftlichen Anschauung der dama= ligen Zeit wie dem persönlichen Character des Königs. Er war in hohem Grade zweckmäßig für die Versicherung selbst, zu welcher eben die Unterthanen erst erzogen werden mußten.

Unter einem solchen Autokraten gab es natürlich für Aeuße= rungen des Individualwillens absolut keine Stelle, mochten sie auf einem Gebiet sich zu zeigen Lust haben, welches es sei. Alle seine Schöpfungen — im Heer, wie in der Staatsverwaltung, der Ge= sammtheit, wie den einzelnen Organismen zweiten Ranges gegen= über — sind eine Folge dieser Anschauungen von der potenzirten Fürstengewalt, von der Verkörperung der Staatsgewalt in ihrem

---

*) Anmerkung: Dazu diente unter Anderm die „Feuerordnung in denen königlichen Residenzen vom 31. März 1727." Diese Brandenburgische Feuerordnung wurde schon 1742 — also gleich nach dem Friedensschluß — auf Schlesien übertragen und trug gute Früchte. (Bericht v. Münchow's vom 16. November 1743 bei Ranke, Preuß. Gesch. II. Buch 9, Kap. 5.) Uebrigens finden sich bei Mylius a. a. O. noch eine ganze Reihe von Feuerordnungen abgedruckt, welche die Sorgfalt der Preußischen Regenten für das Wohl ihrer Unterthanen, ebenso wie die Zweckmäßigkeit der getroffenen Bestimmungen und das Streben nach einer gerechten Vertheilung der Lasten beweisen.

oberſten Träger. In einem politiſch ſo abſolut regierten Staate, wie es Preußen damals war, konnte demzufolge auch von einer freien Entwicklung des Wirthſchaftslebens der Nation nicht die Rede ſein. Auch in dieſem konnte eben nur Dasjenige zu einer Lebensäußerung gelangen, was vom Könige dazu berufen wurde.

Weſentlich änderte ſich hieran nichts unter ſeinem Sohne und Nach= folger Friedrich dem Großen. Auch ihm ſtand der Machtzweck des Staates unbedingt in erſter Linie; jedoch waren Cultur= und Wohlfahrts= zweck jenem nicht lediglich ſubordinirt, ſondern hatten ſelbſtſtändige Bedeutung. Aber die Anſchauung, daß der Fürſt ſeine Unterthanen zu leiten und zu erziehen habe, war auch bei Friedrich vorhanden.*) Wenn er auch keinen Gegenſatz zwiſchen ſeinen und den Intereſſen des Landes annahm, vielmehr im möglichen Colliſionsfall dem des letzteren den Vorzug gab,**) ſo ſollte doch die Initiative von ihm allein ausgehen.

Die übrigen deutſchen Fürſten ahmten die Beiſpiele dieſer beiden Könige, deren Regierungszeit drei Viertel des vorigen Jahr= hunderts in Anſpruch nahm, und welche ihm dadurch ihren perſönlichen Charakter aufprägten, nur nach, ohne deren Kraft und Geiſt, viel= fach auch, ohne deren Pflichtgefühl zu beſitzen.

In einer ſolchen Periode des Abſolutismus auf politiſchem Gebiete mußten analoge Anſchauungen natürlich auch auf wirtſchaft= lichem herrſchen. Beide preußiſchen Könige ſtanden hier, wie er= klärlich, durchaus auf dem Standpunkt Colbert's, auf deſſen Wirth= ſchaftspolitik wir daher einen Blick werfen müſſen.***)

Colbert hatte klar erkannt, und beweiſt dadurch zwar einen großen Fortſchritt gegen das Mercantilſyſtem, daß der Reich= thum eines Volkes nicht von der Menge ſeines Beſitzes an

---

*) „Il doit être l'instrument de leur félicité, comme ses peuples le sont de sa gloire." (Anti-Macchiavell, chap. I.)

**) Je crois que l'intérêt de mes états est aussi le mien et que je n'en peux avoir qui soit contraire au leur. Je ne crois de mon intérêt, que ce qui peut contribuer au soulagement et au bonheur de mes peuples. (Anrede an ſeine Miniſter bei Uebernahme der Regierung am 2. Juni 1740.)

***) Die urkundlichen Beweiſe liegen in den zahlreichen die Förderung der Manufactur bezweckenden Verordnungen, und ſind geſammelt bei Mylius a. a. O.

geprägten Edelmetallen abhänge, sondern daß vielmehr deren Preis
sinke, wenn der in der Circulation begriffene Vorrath den Bedarf
überschreite. Aber er war doch noch der Meinung, daß es zur Erleichte=
rung der Gütererzeugung und zur Hebung des Volksvermögens
durch die Ansammlung von Privatvermögen nothwendig sei, die
Ausgangszölle herabzusetzen, die Eingangszölle für alle Produkte,
welche den Fabriken dienen, zu vermindern, sie dagegen für alle
fremden Fabrikate zu erhöhen. Indem er so das heutige Schutzzoll=
system inaugurirte, überwies er dem Staat die Aufgabe: die Be=
wegung der Industrie zu leiten. Er gab ihm also ein falsches Ziel,
indem er verkannte, daß die wirthschaftlichen Gesetze sich nicht durch
eine Staatscontrolle in Wege leiten lassen, welche ihrer inneren
Natur widersprechen, und daß der Staat nur im Einklang mit
ihnen, aber niemals trotz ihrer regieren kann. In dem Wunsche,
der französischen Industrie zu helfen, erhöhte er z. B. in dem Tarif von
1667 die Eingangszölle für verschiedene Gegenstände so, daß sie
Prohibitiv=Zöllen gleichkamen, und rief dadurch Repressalien des
Auslandes hervor. So verbot in Folge dessen Holland die Einfuhr fran=
zösischer Weine. Aber die schlimmste Folge seines Irrthums war
die, daß sich in den Köpfen der Fabrikanten die Meinung festsetzte,
als sei der ihnen durch die Tarife vorübergehend gewährte Schutz
ein ihnen zustehendes natürliches Recht.

Es ist begreiflich, daß eine Theorie wie diese, erdacht und
ausgeführt von einem gleichermaßen scharfsinnigen, thatkräftigen
und schöpferischen Manne wie Colbert, der durch seine Straßen=
und Canalbauten, durch die Entwässerung von Sümpfen, durch die
Schaffung des ersten Freihafens (Dünkirchen) und durch viele
andere Einrichtungen seinem Vaterlande so große und bleibende
Dienste geleistet hatte, einen lang dauernden und nachhaltigen Ein=
fluß, namentlich auch auf zwei Fürsten ausüben mußte, welche mit
dem Bewußtsein der Ueberlegenheit und der Kraft ein so tiefes
Verständniß für ihre fürstlichen Aufgaben und ein so außerordent=
liches Pflichtgefühl verbanden. Ihre wirthschaftlichen Irrthümer
können daher wohl beklagt werden, aber sie können ihnen niemals
zum Vorwurf gereichen.

Als nun in der zweiten Hälfte des vorigen Jahrhunderts die
Fehler Colbert's erkannt wurden, die Physiokraten die Lehre auf=

stellten, daß nur die auf den Ackerbau verwandte Arbeit einen Ueberschuß über die Consumtion hervorbrächte, also allein ein be= steuerungsfähiges Capital, den Reinertrag, bildete, sie auch gleich= zeitig für Industrie und Handel vollständige Bewegungsfreiheit be= anspruchten, in Frankreich auch noch vor der Revolution ihren Lehr= sätzen durch den Minister Turgot praktische Geltung verschafften, so war dies zwar zweifellos ein großer Fortschritt. Allein es war in mehrfacher Hinsicht doch nur die Vertauschung eines Irrthums mit einem anderen, vielleicht noch größeren. An die Stelle der Lehre von dem, allein Reichthum bedeutenden Besitz des baaren Geldes trat die von der ausschließenden Fähigkeit des Ackerbaues zur Erzeugung von Werthen. Allein abgesehen davon, war für das übrige Europa und namentlich für das durch einen aufge= klärten Despoten beherrschte Preußen noch nicht die Zeit herange= kommen, wo die Freiheit und Selbstbestimmung des Individual= Willens zur Herrschaft kommen konnte.

Denn die beiden europäischen Mächte, welche damals gleich= zeitig in blühendem wirthschaftlichem Wohlstand standen, befolgten die entgegengesetzten Principien — England huldigte dem Mer= cantilsystem und Holland hatte die vollste Freiheit des Handels auf seine Fahne geschrieben. Es ist begreiflich, daß jedes dem von ihm selbst adoptirten System die Ursache dieser Blüthe zu= schrieb, und ebenso begreiflich, daß die Nationalökonomen und die Staatsmänner des 18. Jahrhunderts in zwei Lager getheilt waren.

Erst nachdem durch Voltaire und Rousseau auf kirchlichem wie auf politisch=socialem Gebiete, zunächst theoretisch, freiere, der Entwickelung und Selbstbestimmung des Individuums günstigere An= schauungen verbreitet und dann praktisch durch die französische Re= volution zur Ausübung gekommen waren, erst da konnte eine analoge Veränderung auch auf wirthschaftlichem Gebiete eintreten.

Es ist kein Zufall, sondern innere Nothwendigkeit, daß um dieselbe Zeit, wo jener Franzose und jener Schweizer nicht nur ihr engeres Vaterland, sondern die ganze civilisirte Welt von dem Druck hierarchischer und politischer Knechtschaft befreit hatten, auch auf wirthschaftlichem Gebiet eine ähnliche Erlösung stattfand.

Dem Schotten Adam Smith gebührt das Verdienst, diese herbeigeführt zu haben.

Die Ergebnisse seiner auf den umfassendsten Beobachtungen beruhenden Studien über „Natur und Ursachen des Volks= wohlstandes" sind epochemachend gewesen. Ihre Hauptlehr= sätze sind menschliches Allgemeingut; sie werden für immer das Fundament bilden, auf dem die politische Oekonomie weiter zu bauen hat.*)

Smith's großes Verdienst, welches ihm für alle Zukunft bleiben wird, besteht darin, daß er das gesammte wirthschaftliche Wissen seiner Zeit zusammengefaßt und sich streng auf den Boden der Thatsachen gestellt, Erfahrungssätze daraus gezogen und in ein logisch gegliedertes System gebracht hat. Er vermied den großen Fehler seiner Vorgänger: gewisse aprioristische Ideen aufzustellen und diesen die Erscheinungen anzupassen. Eine lange Reihe von Jahren verbrachte er mit der Sammlung der einzelnen Thatsachen im Wirthschaftsleben nicht nur der englischen Nation, sichtete, prüfte, verglich, durchdachte wieder und wieder, bis endlich seine Gedanken zur Reife gelangt waren und er die Welt mit den vollendeten Früchten seines Geistes beschenkte.

Es ist nicht unseres Ortes, seine Begriffsbestimmungen vom Gebrauchs= und Tauschwerthe, vom Gelde, vom Kapital, seine Lehre von der Arbeitstheilung, vom Arbeitslohn, vom Wesen des Getreide= handels, der Kolonien und Banken u. s. w. u. s. w. darzulegen; wir wollen hier nur das eine hervorheben, welches für unsere Untersuchungen speziell von Wichtigkeit ist, nämlich die Stellung des Individuums. Smith erkennt den Hebel aller wirthschaftlichen Thätigkeit im Privatinteresse des Einzelnen. Dies ist die Quint= essenz der Anschauungen seiner Zeit über das innerste Motiv aller menschlichen Thätigkeit überhaupt, und er führt sie nur auf das ökonomische Gebiet über. Er stellt also das Individuum in die Mitte des ganzen Wirthschaftslebens, um dieses gruppirt er alle Erscheinungen, und ihm vindicirt er die vollste Freiheit des

---

*) „Einiges, das er zertrümmert hat, wird sich nie wieder erheben, einiges, das er begründet hat, wird nie wieder untergehen, und, was das wichtigste ist, er hat eine Reform gestiftet, wie die gesammte Geschichte der Wissenschaften wenige ähnliche aufweist." Dieses über die Werke und das Verdienst eines gleichzeitigen deutschen Forschers vom ersten Range gefällte, berühmte Urtheil darf wohl auch auf Adam Smith Anwendung finden.

Handelns. Mit leuchtender Klarheit legt er die innere, sittliche Nothwendigkeit dafür dar, dem Individuum diese zu gestatten und gerade dadurch hat er einen Einfluß auf Mit= und Nachwelt ausgeübt, den selbst die geschickteste Darlegung seiner Irrthümer nicht hat beseitigen, höchstens in sehr geringem Maße schmälern können.

Durch Smith's Einfluß vollzog sich in der wirthschaftlichen Gesammtanschauung Englands der gewaltige Umschlag, dem es seinen riesenhaften Aufschwung in diesem Jahrhundert verdankt.

Das Versicherungswesen sah Smith lediglich als ein dem Privatbetriebe zufallendes rein kaufmännisches Gewerbe an, welches zu seiner Zeit mehr von Einzel B=ersicherern als in Gemeinwirth=schaft durch Gesellschaften betrieben wurde. Im Ganzen war die Prämie, namentlich für Feuerversicherungen, sehr niedrig (übrigens um ein Vielfaches höher als heut, aber die Brände waren auch zahlreicher und extensiver, wegen der unsolideren Bauart), und es wurde von vielen Leuten zwar etwas, aber nur von sehr Wenigen viel Geld daran verdient. Aus Leichtsinn und im Glauben, die nicht verausgabte Prämie sei wirklich eine wirthschaftliche Ersparniß, versicherten nur etwa 19 Gebäudebesitzer unter 20, oder auch viel=leicht nur 99 unter 100 ihr Haus! — Bei der Seeversicherung war das Verhältniß günstiger; dennoch gingen auch damals, selbst in Kriegszeiten, viele Schiffe unversichert in See. Bei reichen Einzel=Kaufleuten, oder großen Gesellschaften, welche zwanzig bis dreißig Schiffe in See stechen ließen, wurde keins versichert, aus feiner Berechnung. Eins deckte gewissermaßen das andere*).

---

*) Smith, wealth of nations, book I, chapter 10: That the chance of loss is frequently undervalued, and scarce ever valued more than it is worth, we may learn from the very moderate profit of insurers. In order to make insurance either from fire or sea risk, a trade at all, the common premium must be sufficient to compensate the common losses, to pay the expense of management, and to afford such a profit as might have been drawn from an equal capital employed in any common trade. The person who pays no more than this, evidently pays no more than the real value of the risk, or the lowest price, at which he can reasonably expect to insure it. But though many people have made a little money by insurance, very few have made a great fortune; and from this consideration alone, it seems evident enough, that the ordinary balance of profit and loss is not more advantageous in this,

Jenes Buch erschien 1776, zu einer Zeit, wo England in
Personal=Union mit Hannover stand, und Göttingen mithin ein sehr
geeigneter Ort war, um den Erzeugnissen des englischen Bücher=
marktes auf deutschem Boden zuerst Eingang zu verschaffen. Zu
dieser Zeit lag aber dort der Jüngling seinen Studien ob, welcher
als Mann berufen war, der Regenerator Preußens und Deutsch=
lands nach der Katastrophe von Jena zu werden. Schon damals
wurde Stein mit Smith's großem Werk bekannt, und da er durch
den Umgang mit Brandes sowie durch Studium eine genaue Kennt=
niß auch der politischen auf dem Princip der Selbstverwal=
tung ruhenden Einrichtungen Englands erlangt hatte, so wirkte alles
dies zusammen, um ihn zu der Aufgabe zu befähigen, Preußen aus
seiner verzweiflungsvollen Lage zu befreien. Wir besitzen Stein's aus=
drückliches Zeugniß darüber, daß er Smith als seinen wirthschaft=
lichen Lehrer betrachtet (Brief an Vincke vom 3. Januar 1806
bei Pertz I, S. 328). Gewiß ein schwerwiegender Beweis, wie
politische und wirthschaftliche Zustände einer Nation durchaus in
Wechselbeziehung und Wechselwirkung mit einander stehen!

Es kann fast als eine unmittelbare Folge der Stein=Harden=
berg'schen Gesetzgebung angesehen werden, daß sich nun auch auf
dem Gebiete des Versicherungswesens die Privatthätigkeit im
Großen zu entfalten begann, und zwar mit der 1812 ins Leben ge=
tretenen „Berlinischen Feuer=Versicherungs=Anstalt", einer Actien=
gesellschaft, welche sich auch die Deckung sowohl unbeweglicher

---

than in other common trades by which so many people makes fortunes.
Moderate, however, as the premium of insurance commonly is, many
people despise the risk too much to care to pay it. Taking the whole
kingdom at an average, nineteen houses in twenty, or rather, perhaps,
ninety-nine in a hundred, are not insured from fire. Sea risk is more
alarming to the greater part of people, and the proportion of ships
insured to those not insured is much greater. Many sail, however, at
all seasons, and even in time of war, without any insurance. This may
some - times perhaps be done without any imprudence. When a great
company, or even a great merchant, has twenty or thirty ships at sea,
they may as it were, insure one another. The premium saved upon
them all, may more than compensate such losses as they are likely to
meet with in the common course of chances. The neglect of insurance
upon shipping, however, in the same manner as upon houses, is, in most
cases, the effect of no such nice calculation, but of mere thoughtless
rashness and presumptuous contemps of the risk run.

wie beweglicher Habe zur Aufgabe stellte, genau ein Jahrhundert nach jenem oben erwähnten primitiven und gescheiterten Versuch absoluter Fürstenmacht auf diesem Gebiet.*)

Die weitere Entwicklung ging freilich sehr langsam. Die durch Europa's Erhebung gegen Napoleon hervorgerufene ungeheure Erregung mußte sich erst wieder beruhigt haben, bis man in Deutschland Muße fand, Wirthschaftsprojecte von so umfassender Ausdehnung und so eigenthümlicher Natur, wie es Versicherungsgesellschaften sind, in Angriff zu nehmen. Es entstanden in den zwei Jahrzehnten nach den Befreiungskriegen, und zwar:

A. an Prämien = Gesellschaften:

1) die Leipziger Feuerversicherungs-Anstalt (1819);

2) die Patriotische Assecuranz-Compagnie zu Hamburg für See-Transport und Feuer-Schäden, letztere sehr nebensächlich (1819);

3) die Preußische See-Assecuranz-Compagnie in Stettin (1821);

4) die Vaterländische Feuerversicherungs-Actiengesellschaft zu Elberfeld (1823);

5) die Berliner Hagel-Assecuranz-Gesellschaft (1823)**);

6) die Aachener Feuerversicherungs-Gesellschaft (1825),***);

7) die deutsche Lebens-Versicherungs-Gesellschaft in Lübeck (1828);

8) die Neue achte Assecuranz-Compagnie für Feuerschäden zu Hamburg (1835);

---

*) Die Gesellschaft erhielt ein ausschließendes Privilegium auf fünfzehn Jahre, welches im Jahre 1823 bei Gründung der Vaterländischen Feuer-Versicherungs-Gesellschaft in Elberfeld dahin von der Regierung interpretirt wurde, daß es sich nur auf den bei Ertheilung des Privilegiums vorhanden gewesenen Besitzstand der Monarchie habe beziehen können.

**) Diese Gesellschaft arbeitete bis 1830, stellte dann aber, weil die Staatsregierung ihr nicht gestatten wollte, die Prämien nach ihrem Ermessen zu fixiren, ihre Geschäfte ein. Der König Friedrich Wilhelm III. wünschte darüber aufgeklärt zu sein, berief den Gründer Banquier Joseph Mendelssohn, und gestattete dann auf dessen Auseinandersetzungen die Festsetzung eines selbstständigen Prämientarifs, worauf 1832 die Neuconstituirung erfolgte. Es ist also die heut noch bestehende: „Berliner Hagel-Assecuranz-Gesellschaft von 1832" gemeint.

***) Die heutige Aachener und Münchener Feuerversicherungs-Gesellschaft.

9) die Berlinische Lebensversicherungs=Gesellschaft (1836)*);

10) die Abtheilungen für Lebens= und Feuerversicherung der Bayerischen Hypotheken= und Wechselbank (1836).

B. an Gegenseitigkeits = Gesellschaften:

1) die Feuerversicherungsbank für Deutschland zu Gotha (1819);

2) die Gesellschaft zu gegenseitiger Hagelschäden=Vergütung in Leipzig (1823);

3) die Mobiliar=Feuer= und Hagelschaden=Versicherungs=Gesellschaft zu Schwedt a. O. (1826);

4) die Lebensversicherungsbank für Deutschland zu Gotha (1828);

5) die Hannoversche Lebensversicherungs=Anstalt (1829);

6) die Lebensversicherungs=Gesellschaft zu Leipzig und

7) der Feuer=Assecuranz=Verein zu Altona (beide 1830);

8) die Allgemeine Renten=Anstalt in Stuttgart und

9) die Hannover=Braunschweigische Hagelschaden=Versicherungs=Gesellschaft (beide 1833); endlich

10) die Allgemeine Versorgungs = Anstalt im Großherzogthum Baden, welche gegen Einlagen Renten oder Capitalien gewährt (1835).

Im Ganzen also je zehn Prämien= (Actien)= und Gegenseitigkeits=Gesellschaften von Bedeutung; außerdem eine Anzahl nur lokaler Feuerversicherungs=Vereine auf Gegenseitigkeit.

Auf Preußen entfallen also hiervon fünf Actiengesellschaften, davon drei für die Feuer=, und je eine für die Hagel= und die Lebens=Versicherung, und eine Gegenseitigkeits=Gesellschaft, gleichzeitig für Feuer= und für Hagel=Versicherung.

Das Jahr 1836 bezeichnet für uns den Abschluß einer Haupt=Periode in der Entwicklung des Versicherungswesens. Denn die seit den Karlsbader Beschlüssen in Deutschland eingetretene rückläufige politische Bewegung begann von da ab sich auf unser Wirthschaftsgebiet zu erstrecken, und fand für Preußen in dem Gesetz,

---

*) Die Gesellschaft erhielt gleichfalls ein ausschließendes Privilegium auf 15 Jahre.

betreffend das Mobiliar-Feuerversicherungswesen vom 8. Mai 1837 ihren Ausdruck. Concessionswesen im Ganzen und im Einzelnen, und polizeiliche Ueberwachung traten an die Stelle der bisherigen freieren Bewegung. Wenn sich trotz alledem das Privatversicher=ungswesen zu einer so hohen Blüthe, zu einer so kolossalen, in alle Verhältnisse des bürgerlichen Lebens aufs Tiefste ein=greifenden Ausdehnung entwickelt hat, so ist dies ein Beweis der der Idee der Versicherung inhärenten organischen Gestaltungskraft. Begünstigt wurde diese Entwicklung indessen durch den nun be=ginnenden und sich mit Riesenschritten ausdehnenden Bau von Eisenbahnen, welchen sich die Erfindung des elektrischen Telegra=phen als eines der außerordentlichsten Verkehrsmittel anschloß. Raum und Zeit haben hierdurch für das Versicherungswesen fast aufgehört, Hindernisse zu sein. Die Seetransportversicherung ist ihrer Natur nach, und die Feuerversicherung seit Legung der sub=marinen Kabel international.

Es erscheint nicht nothwendig, dies hier im Einzelnen bis auf den heutigen Tag zu verfolgen. Es genügt die Angabe, daß gegenwärtig (1880) in Deutschland von inländischen Privatgesell=schaften thätig sind:

1) in der Feuer-Versicherung 14 auf Gegens., 18 auf Actien,
2) „ „ Lebens= „ 25 „ „ 13 „ „
3) „ „ Hagel= „ 25 „ „ 6 „ „
4) „ „ Transport= „ 17 „ „ 48 „ „
5) „ „ Unfall= „ 4 „ „ 1 „ „
6) Gemischte u. div. Branchen 43 „ „ 44 „ „

zusammen 128 auf Gegens., 130 auf Actien, dazu 7) Lokal-Vereine aller Art 3026.

Diese Gesellschaften erhoben im genannten Jahre an Beiträgen resp. Prämien: die gegenseitigen ohne die Lokalvereine ca. 52, die Actien-Ges. ca. 133 Millionen Mark. (Dazu traten noch 15 Rück=versicherungs-Actiengesellschaften, an welche etwa $11\frac{1}{2}$ Million an Prämien abgegeben wurden.) An Schäden zahlten jene: c. $30\frac{1}{2}$, diese c. $84\frac{1}{2}$ Million Mark.

Jene, unter Nr. 6 „gemischte und diverse Branchen" aufge=führten Gesellschaften enthalten theils diejenigen, welche z. B. neben der Feuer= auch die Transport= oder Glas=Versicherung oder neben der Lebens= auch die Unfall= oder Transport=Versicherung betreiben, theils diejenigen Arten der Versicherung, welche gegen die Gefahr aus juristischen Ereignissen geschlossen werden, z. B. Hypotheken=, Credit=, Werthspapier=Ausloosung=, u. s. w. Versicherung. Es fehlt aber an statistischen Angaben über dieselben; wir haben uns daher auf diese Gesammtangabe beschränken müssen.

Zweites Kapitel.

Adolph Wagner.

Diesen Thatsachen gegenüber, durch welche die Leistungs=
fähigkeit des Privatversicherungsbetriebes auf das eviden=
teste dokumentirt wird, hat Adolph Wagner, und zwar vor Bekannt=
machung des „Entwurfs eines Gesetzes, betreffend die Versicherung
der in Bergwerken, Fabriken und anderen Betrieben beschäftigten
Arbeiter gegen die Folgen der beim Betriebe sich ereignenden Unfälle“,
durch welchen nach der Absicht des Reichskanzlers, welcher Bundes=
rath und Reichstag zugestimmt haben, die Unfallversicherung dem
Privatbetriebe entzogen und zu einem Regal der Staatsgewalt
(ob eine Reichs= oder mehrere Landesanstalten, ist hier gleich=
gültig) gemacht werden sollte, in einer Monographie „der Staat
und das Versicherungswesen“, Tübingen 1881 bei H. Laupp, die
Behauptung aufgestellt und wissenschaftlich zu begründen versucht:

> „die Versicherung ist ihrer Natur nach kein Ge=
> schäft, das der „freie Verkehr“ übernehmen und
> ausführen soll. Sie ist eine „öffentliche Ein=
> richtung“ und muß als solche behandelt werden.“

Diese Ansicht kann nur im Zusammenhange mit Wagner's
wissenschaftlicher Stellung in der Nationalökonomik überhaupt ver=
standen werden, weshalb wir diese zuvörderst darlegen müssen.
Wagner hat sich (vgl. die Einleitung zu seiner „Grundlegung“,
Leipzig und Heidelberg bei Winter, 1879) die Aufgabe gestellt:
„an Stelle des physiokr. Smith'schen Systems einen Neubau zu

ſetzen" und will dies auf ſyſtematiſchem und dogmatiſchem Wege erreichen, eine Arbeit, welche er für „ebenſo wichtig und gewiß nicht für minder ſchwierig hält, als die monographiſch-ſpecialiſtiſche Arbeit". Da nun Smith das Individuum in die Mitte geſtellt und zum Zweck des Gemeinſchaftslebens gemacht hat, ſo will er umgekehrt nach den Bedingungen des wirthſchaftlichen Gemeinſchaftslebens die Sphäre der wirthſchaftlichen Freiheit des Individuums beſtimmen. Ihm iſt die Aufgabe unſerer Zeit in dem Worte von Rodbertus enthalten: „die Volkswirthſchaft muß wieder mehr S t a a t s w i r t h - ſchaft werden". Demgemäß verlangt er auch eine dem G e ſ a m m t - bedürfniß des Volks entſprechende Geſtaltung der w i r t h ſ c h a f t - l i c h e n Rechtsordnung, der B e ſ i t z - und E r w e r b s o r d n u n g d u r c h d e n Staat (§ 55). Dieſer Aufgabe entſprechend will er die w e l t w i r t h ſ c h a f t l i c h e — auf den günſtigeren phyſikaliſchen Momenten des maritimen Communications- und Transportweſens beruhende, daher ältere, zum internationalen Verkehr und Güteraustauſch hindrängende, der Freihandelstheorie günſtige — Entwicklung hinter die v o l k s w i r t h ſ c h a f t l i c h e zurückgeſtellt wiſſen.

Sein Gedankengang iſt nun in Weiterem folgender:

Von den beiden volkswirthſchaftlichen Problemen der größtmöglichſten Produktion der Güter und der guten Vertheilung des Volks-Einkommens ſei bisher vornehmlich das Erſtere in der Theorie und zwar durch den ökonomiſchen Individualismus berückſichtigt worden. Erſt der ökonomiſche Sozialismus, d. h. das Prinzip der Ordnung der Geſellſchaft und Volkswirthſchaft zunächſt nach den Bedürfniſſen dieſer als Totalitäten oder von Geſellſchaftswegen, habe das Verdienſt, das zweite in den Vordergrund geſchoben zu haben. Aber der Zuſammenhang beider Probleme ſei nicht genügend berückſichtigt, was erſt er zu thun ſich beſtrebe, und womit er zugleich die Grundlage für die volkswirthſchaftliche Beurtheilung des Privateigenthums, beſonders des privaten Capital- und Grundeigenthums gewinne. Die Vertheilung des Volks-Einkommens, im wirklichen Leben das Ergebniß des auf Grund einer beſtimmten Rechtsordnung und eines beſtimmten Zuſtandes der Sittlichkeit und der Volksſitte, geführten Kampfes entgegengeſetzter Intereſſen, laſſe ſich praktiſch vornehmlich durch den Staat mit ſeiner Zwangsgewalt beeinfluſſen oder in gewünſchter Richtung verändern; und

zwar dreifach: erstens, durch Veränderungen des dem privatwirth=
schaftlichen Verkehr zu Grunde liegenden Rechts; zweitens, durch
eine bestimmte Finanz= und Steuerpolitik des Staates; drittens,
durch unmittelbares Dazwischentreten des zwangsgemeinwirthschaft=
lichen Systems in dem Produktions= und Vertheilungsprozeß der
Güter, d. h. durch neue oder vermehrte Uebernahme bezüglicher
(auch materieller) Thätigkeiten als „öffentliche" auf den Staat,
die Gemeinde und auf die sonstigen „Selbstverwaltungskörper".

Im Verlauf seiner Darstellung giebt Wagner nun als
die eigentlichen organischen Zwecke der Zwangsgemeinwirthschaft
„Staat" an:

A. den Rechts= und, damit verbunden, den Machtzweck,

B. den Cultur= und Wohlfahrtszweck.

Beide bedingen sich gegenseitig und sind der Ausfluß der
sittlichen Aufgabe des Staats als der höchsten Form menschlicher
Gemeinschaften. Für die volkswirthschaftliche Betrachtung des Staats
müssen sie aber unterschieden werden. Der Rechts= und Macht=
zweck ist sein Hauptzweck, und alle zu dessen Erfüllung dienenden
Thätigkeiten, welche er früher vielfach mit den Privaten theilte
(Justiz, Polizei, bewaffnete Macht), sind im Laufe der geschichtlichen
Entwickelung und aus dem inneren Grunde, daß das Recht ein
eines sein und einheitlich gehandhabt werden muß, principiell aus=
schließlich dem Staate vorbehalten und können von Andern nur in
seinem besonderen Auftrage ausgeübt werden.

Der Cultur= und Wohlfahrtszweck steht in zweiter Linie und
kann erfahrungsgemäß auf ein Minimum reducirt werden. Als
das Ziel des modernen Culturstaats der europäischen Civilisation
bezeichnet Wagner unter Berufung auf W. v. Humboldt: möglichst
nur die allgemeinen Bedingungen für die Entwicklung des selbst=
thätigen Individuums zu erfüllen und dadurch unter Erhaltung der
„Eigenthümlichkeit der Kraft und der Bildung" des Ein=
zelnen, einen immer größeren Theil der Bevölkerung zum Mit=
genuß an den Culturgütern zu erheben. Dem entsprechend sind die
Leistungen des Staats doppelter Art: Herstellung von Einrichtungen
und Anstalten, welche mittelbar die genannten Interessen durch Besei=
tigung von Hindernissen fördern (z. B. Wasseranlagen, Straßen=
bauten), oder solche, welche von den Staatsangehörigen unter

bestimmten Bedingungen unmittelbar zur Bedürfnißbefriedigung benutzt werden können (z. B. Schulen, Verkehrsanstalten).

Ein Theil dieser Staatsleistungen zur Durchführung des Cultur= und Wohlfahrtszwecks bildet im engeren Sinne die soge= nannte volkswirthschaftliche Verwaltung. Wagner weist dieser u. a. das Verkehrswesen zu und zählt zu letzterem: Maaß und Gewicht, Münze, Banken, Versicherungs=, Communications= und Trans= portwesen. (Inwiefern das Versicherungswesen von dem Verkehrs= wesen spezifisch verschieden ist, werden wir später zeigen.)

Beide Staatszwecke drängen nach extensiver und intensiver Ausdehnung, der Machtzweck mehr aus inneren, der Culturzweck mehr aus äußeren, praktischen Gründen. Dennoch will Wagner auch letzteren eine innere Nothwendigkeit vindiciren und zwar weil er glaubt, daß in dem uralten Streit zwischen der Freiheit des Individuums und seiner Beschränkung durch die Allgemeinheit wir uns jetzt in einer rückläufigen, dem Ueberwiegen der Beschränkung zugeneigten Periode befinden. Diese Anschauung, in Verbindung mit dem Eindruck, welchen die Ausschreitungen der Spekulation gleich nach dem französischen Kriege auf ihn hervorgerufen haben, bringt Wagner zu der äußerst gefährlichen Concession an den extremen Sozialismus: das Privateigenthumsrecht an Grundstücken, namentlich an städtischen, aufheben und in ein allge= meines umwandeln zu wollen, so daß dem bisherigen Eigen= thümer als Entschädigung nur ein Rentenbezug gewährt wird. —

In einer von ihm auf der evangelisch=lutherischen Conferenz vom 12. October 1871 gehaltenen Rede über die sociale Frage sagte Wagner wörtlich:

„In neuester Zeit zeigt sich bei uns namentlich in der Bauplatzspekulation und in der Steigerung der Wohnungs= miethen in den großen Städten ein bisher zwar wiederum rechtlich gestatteter, aber nichts desto weniger ökonomisch un= gerechtfertigter und sittlich unerlaubter Mißbrauch des Grund= eigenthumsrechts. Das letztere kommt hier als wahres Mo= nopol mit allen schlimmen Folgen desselben zur Geltung. Dasselbe gilt von den prellerischen Miethssteigerungen, die namentlich von Häuserspekulanten vorgenommen werden, nur um bald das eben gekaufte Haus wieder zu einem, dem höheren Miethsertrag entsprechenden Kapitalwerth loszuschlagen. Durch die Bauplatzspekulation, welche den Baugrund vorenthält, wird diese Miethssteigerung wesentlich mit begünstigt. Dem Publikum bleibt nichts übrig, als sich vom „Hausherrn" das Fell über die Ohren ziehen zu lassen. . . . . Vielleicht wird eine Reform des städtischen Grundeigenthumsrechts durch die Staatsgesetzgebung nicht lange mehr ausbleiben können. Weitgreifende Ideen verbreiten sich selbst bei solchen Volks= wirthen, welche der Staatseinmischung in Privatrechtsver= hältnisse, einem der Hauptverlangen der Sozialisten, bisher am meisten abhold waren."

Auf die von Oppenheim hiergegen gerichtete Kritik antwortete Wagner in seinem „Offenen Brief" vom 10. April 1872, noch weiter gehend, unter Anderem Folgendes:

„Freilich sage ich Ihnen gleich offen, daß meine dor= tigen Erörterungen vornehmlich zu Gunsten des ländlichen Grundeigenthums gelten und im städtischen, vor Allem im großstädtischen Grund= und Hauseigenthum die Frage mannig= fach anders liegt. Der Uebergang des städtischen Grund= eigenthums in die Hände geriebener Spekulanten, die ihre „wohlverdienten" Börsengewinnste auf diese Weise sicher stellen, oder die das Hauseigenthum wechseln, wie den Werthpapier= besitz, und durch die Daumenschraube der Miethprellerei raubartige Einkommensübertragungen der nicht=grundbesitzenden auf die grundbesitzenden Klassen erpressen, — dieser Ueber= gang liefert allerdings gefährlichere Argumente zu Gunsten der These der Sozialdemokratie, als Alles, was die letztere in allen ihren Kongressen zusammengenommen vorgebracht hat. Der Monopolcharakter des Grundeigenthums tritt da zu deut= lich und Dank der sittlichen und Bildungsqualität vieler der betreffenden Besitzer auch zu schamlos hervor. . . Dauern diese Zustände an, so wird allerdings die tiefgreifende Re= form des Eigenthums nicht ausbleiben können, vielleicht selbst der Uebergang des Grundeigenthums der Großstädte an die Gemeinde oder den Staat."

Inwieweit solche Anschauungen Wagner geeignet erscheinen

laffen, als Neubaufünftler an Stelle Adam Smith's zu treten, wollen wir hier nicht weiter unterfuchen.

Diefen Standpunkt hat Wagner noch bis in die neuefte Zeit feftgehalten. In feiner „Grundlegung" 2. Auflage, 1879, lefen wir (§ 357):

„Die üblichen Rechtfertigungsgründe, welche vom Stand= punkte des volfswirthfchaftlichen Produktionsintereffes und zum Theil auch vom Standpunkte richtiger Sozialpolitif aus für privates Grundeigenthum fprechen und zugleich die gefchicht= liche Entwickelung der Inftitution mit erflären, verlieren für ftädtifches Grund= und Haufeigenthum, wenigftens in den Städten und befonders wieder in den Großftädten nach den obwaltenden Wohnungsverhältniffen und dem Stande der Technif ihre Bedeutung bei uns fo gut wie vollftändig".

Und im § 361 faßt er die Ergebniffe feiner Unterfuchungen dahin zufammen:

„Vom fozialpolitifchen und vom Vertheilungsintereffe aus betrachtet, wäre daher die Befeitigung diefes Eigen= thums eher erwünfcht als unerwünfcht. . . . . Die all= mälige Annäherung an diefes Ziel ift nach dem Dargelegten auch nicht mit fo unüberwindlichen Schwierigfeiten verbunden, als es fcheinen fönnte. . . . Die praftifche Verwirflichung der Maßregel, vollends in allgemeinerer Ausdehnung, ift ficherlich für irgend abfehbare Zeit noch nicht zu erwarten: aber, was eben für die wiffenfchaftliche Auffaffung das Wich= tige ift, nicht weil diefe Verwirflichung unerwünfcht, auch nicht weil fie unmöglich, und nicht einmal in erfter Linie, weil fie fo außerordentlich fchwierig wäre, fondern weil die Forderung faft noch feine Unterftützung in der öffentlichen Meinung findet. Mit anderen Worten, nicht am Können, fondern am Wollen fehlt es".

Jene, dem Culturzweck des Staats inhärente Eigenfchaft des Drängens nach extenfiver und intenfiver Ausdehnung nöthigt Wagner alfo, nach und nach alle Gebiete der öffentlichen Thätigfeit in fein Bereich zu ziehen. Er giebt zu, daß hier von Fall zu Fall eine Prüfung einzutreten habe, und, da er der Anficht ift, daß jetzt für das Verficherungswefen die Zeit gefommen fei, wo es

in Erfüllung des staatlichen Culturzwecks aus der privaten
in die öffentliche Wirthschaft übergeführt werden müsse,
so schickt er sich an, diese Prüfung zu vollziehen, was denn in
der bereits citirten Monographie von ihm geschehen ist. —

„Was praktisch nicht durchführbar, ist theoretisch nicht haltbar."
So sagt Wagner selbst, und hiernach wollen wir bei Prüfung und
Beurtheilung seiner Gründe verfahren.

Seit dem Eisenacher Congreß der Kathedersocialisten (1873)
hat Wagner auf der damals betretenen Bahn einen großen Fort=
schritt gemacht. In dem von ihm erstatteten Referat über das
Actiengesellschaftswesen spielt das Versicherungswesen noch eine
ziemlich nebensächliche Rolle. Allerdings kam er auch damals schon
durch die in seiner zweiten These ausgesprochene (nicht bewiesene)
Behauptung: daß die hauptsächlichsten Mißstände bei Gründung
und Verwaltung von Actiengesellschaften in einer unpassenden Aus=
dehnung ihres Gebiets zu suchen seien, zu der Ansicht, daß dies
eine doppelte Einschränkung erfahren müsse; einmal durch Begünsti=
gung des Genossenschafts= resp. des Gegenseitigkeits=Princips, zweitens
aber und hauptsächlich dadurch, daß die öffentliche Unter=
nehmung an die Stelle der „factisch ein Monopol ausübenden"
Actiengesellschaften trete, namentlich auch auf den Gebieten des
Verkehrswesens, sowie der Anstalten für locale und wirthschaftliche
Gemeinschaftsbedürfnisse (Gas, Wasserwerke, Markthallen, Vieh=
märkte u. s. w.) und endlich des Bank= und Versicherungs=
wesens (These 3, 4 und 6). Der von Wagner auf Grund dieser
Thesen formulirte Antrag wurde mit unwesentlicher redactioneller
Aenderung mit schwacher Majorität angenommen und enthielt den
Schlußsatz:

„Außerdem (nämlich den eben bezeichneten Gemeinschafts=
bedürfnissen) findet dieselbe (die öffentliche Unternehmung)
auch im Bank= und Versicherungswesen neben Erwerbs=
geschäften und Genossenschaften oft eine passende Thätigkeit."

Wir wüßten wirklich nicht, was sich hiergegen vom legis=
latorischen Standpunkt, wenigstens auf dem Gebiete der Feuerver=
sicherung einwenden ließe; der öffentliche Betrieb derselben (Immobi=
liarversicherung) ist über zwei Jahrhunderte alt, hat sich seiner Zeit

als segensreich erwiesen, und wenn man meint und wünscht, daß ihm neben den Actien= und Gegenseitigkeits=Gesellschaften oft eine passende Stelle gegönnt werden möge, so ist dem nur zuzustimmen.

Diese passende Stelle ist unserer Meinung nach die Erhaltung der öffentlichen Societäten in ihrem Besitzstande als Immobiliar=Gegenseitigkeits=Gesellschaften. Als solchen mag ihnen der öffentliche Charakter gewahrt bleiben. Soweit sie sich auf die Versicherung von Mobilien eingelassen haben, sind sie als Privatanstalten zu betrachten, und es wäre für die Klarlegung der Situation durchaus wünschenswerth, daß sie diesen in allen Beziehungen gleichgestellt würden.

Zu einer Neucreirung öffentlicher Societäten liegt eine Veranlassung überall nicht vor. —

Wagner stand damals dem Versicherungswesen noch sehr unbefangen gegenüber. Er kannte so gut wie gar nichts davon — praktisch nichts davon zu verstehen hat er ja auch vor Kurzem noch öffentlich eingestanden, — und namentlich hatte die im Ergänzungsheft IV zur Zeitschrift des Königlich Preußischen Statistischen Bureau's erschienene Abhandlung: „Die öffentlichen Feuerversicherungs=Anstalten in Deutschland und ihre rechtliche Stellung gegenüber den Privat=Feuerversicherungs=Gesellschaften" von v. Hülsen und Brämer ihren Einfluß auf ihn noch nicht ausüben können, weil — sie damals noch nicht erschienen war. Seitdem aber diese, wie wir einräumen, sehr geschickt abgefaßte Parteischrift ans Licht getreten ist (1874), hat sie sowohl in ihrem statistischen, wie in ihrem volkswirthschaftlich = juristisch = deductiven Theil bestimmend auf Wagner eingewirkt. Er glaubt in ihr die Quintessenz aller Assecuranzerfahrung und =Theorie gefunden zu haben, und also nichts besseres thun zu können, als in verba magistrorum zu schwören. Dabei übersieht er aber, daß der Hülsen=Brämer'sche Standpunkt ein höchst einseitiger ist, und daß die statistischen Nachweise unhaltbar sind. Er hat den Fehler begangen — und das machen wir ihm, als einem berufsmäßigen Forscher der Wissenschaft, als dem Inhaber eines ordentlichen Lehrstuhls an der Berliner Universität, zum schweren Vorwurf, daß er nicht auf die Quellen zurückge=

gangen ist, sondern den Inhalt des Bechers in gutem Glauben als unverfälschtes Getränk genossen hat. — —,

Wagner knüpft nun in seiner in Rede stehenden Brochüre an das bekannte Rundschreiben des Reichskanzlers vom 4. August 1879 an, und spricht zunächst seine Verwunderung darüber aus, daß ein großer Theil der Fachpresse darin die Anbahnung einer Verstaatlichung des Versicherungswesens erblickt habe, während doch von einer solchen nichts darin zu lesen sei, und er schreibt dies dem engen Zusammenhang dieser Presse mit den Gewerbsinteressen des Versicherungs=„Geschäfts" zu. Auch sein principieller Gegner Hopf*) meint, daß durch das Schreiben die Vermuthung erweckt sei, als solle es die Einleitung zu einer schließlichen Verstaatlichung bilden, während es doch mit keiner noch so versteckten Andeutung darauf hinweise, und bringt dies mit der starken Empfänglichkeit der Zeit für solche Ideen in Verbindung. Aber, ganz abgesehen von den bei dem Reichskanzler von gewisser Seite vorausgesetzten Ideen über die Verstaatlichung des Versicherungswesens, ist Wagner der Ansicht, daß eine principiell veränderte Organisation desselben ernstlich in Frage komme, sowohl aus tieferen, in der Natur dieses wirthschaftlichen Gebietes liegenden Gründen, als wegen der inhärenten Mängel seiner jetzigen Einrichtung.

Wir haben im Eingange dieser Schrift gesagt, daß das onus probandi in der Regel dem obliege, welcher eine Veränderung des bestehenden Zustandes herbeizuführen wünscht. Wagner stimmt damit überein. Er fühlt, daß ihm der Beweis für die Güte und innere Nothwendigkeit seiner Verbesserungspläne obliege, und er versucht ihn zu führen.

Die Prüfung dieser Beweisführung ist unsere Aufgabe.

---

*) Aufgaben der Gesetzgebung im Gebiete der Feuerversicherung von Dr. juris J. Hopf, Bevollmächtigtem der Feuerversicherungsbank für Deutschland zu Gotha. Berlin bei Reimer 1880. Diese Schrift erschien kurz vor der Wagner's, welcher sie mehrfach citirt und ihre Objectivität anerkennt. Daß Hopf, ein ebenso ausgezeichneter Praktiker, wie Theoretiker seines Faches, obgleich Director einer auf dem Princip der Gegenseitigkeit beruhenden Anstalt, kein grundsätzlicher Gegner des Actienprincips ist, läßt seine Schrift klar erkennen, und war auch von einem so unbefangenen Beurtheiler gar nicht anders zu erwarten.

Drittes Kapitel.

Die Natur der Versicherung.

Die volkswirthschaftliche Natur der Versicherung besteht in der Vertheilung der, den Einzelnen treffenden vermögensnachtheiligen Folgen eines zufälligen Unglücks auf die — entweder nur thatsächliche oder auch gleichzeitig rechtliche — Gemeinschaft der Versicherten; sie ist nur thatsächlich bei den Actien=, gleichzeitig rechtlich jedoch bei den Gegenseitigkeits=Gesellschaften.

Die Versicherung unterscheidet sich demzufolge von der ihr nur äußerlich ähnlich scheinenden Wette oder dem Spiel durch das ihr innewohnende ethische Element, welches jenen gänzlich fehlt. Sie erhält den Besitzstand des, einen integrirenden Theil des Ganzen bildenden Einzelnen, und befähigt ihn so, seine ihm als Staatsbürger, wie als Familienvater obliegenden, in Gelde schätz= baren Pflichten zu erfüllen. Dieser erhaltende Charakter be= bestimmt auch ihre Grenze; sie soll der Regel nach kein Mittel zur Bereicherung sein. Der bei der Seetransportversicherung vorkom= mende versicherbare, in der technischen Assecuranzsprache „imaginär" genannte Gewinn ist nur als eine Ausnahme aufzufassen und darf nicht als ein auf die Landversicherung übertragbarer Grundsatz an= gesehen werden.

Mit diesem ethischen Element steht der der Prämien=Versicherung eigene und charakteristische Zug der Speculation auf beiden Seiten nicht im Widerspruch. Der Versicherte hofft: im Unglücks= falle mehr herauszubekommen, als er durch Zahlung der Prämien seinerseits geleistet hat, und der Versicherer hofft: daß die Summe der von ihm eingenommenen Prämien größer sein werde, als die Summe der von ihm für die einzelnen Unglücksfälle zu vergütenden Schäden.

Die Speculation des Versicherten gründet sich ethisch auf die Verhütung der Folgen eines als möglich vorausgesetzten Unglücks= falles durch die freiwillige Hingabe eines — wenn auch nur kleinen Theiles seines Einkommens, auf dessen Genuß er also verzichtet. Es ist ein unnützes Opfer, wenn dieser Unglücksfall überhaupt nicht eintritt. Bei dem Normalfall der Lebensversicherung ist der Unglücks= fall das zu frühe Eintreten des Todes, wodurch eben der Spar= prozeß, durch welchen der Nachlaß auf eine bestimmte Summe ge= bracht werden soll, unterbrochen, und die Erreichung des Zieles un= möglich gemacht wird. In der Sicherheit, dieses Ziel trotz des zu frühen Todes zu erreichen, liegt eben das ethische Moment dieser Versicherung.

Das ethische Moment in der Spekulation des Versicherers besteht dagegen in dem Schutz, den er den einzelnen Versicherten gegen die Folgen des eingetretenen Unglücksfalles gewährt, gleich= viel, wie hoch das ihm von diesen dagegen gewährte Opfer sei; er zahlt ohne Rücksicht darauf, ob er die Prämie einmal oder wie oft empfangen hat, ohne Rücksicht darauf, um wieviel etwa der Schade die empfangene Prämie übersteigt.

Dieses Moment der Spekulation characterisirt daher die Ver= sicherung als ein objectives Handelsgeschäft auf Seiten des Ver= sicherers, als ein subjectives auf der der Versicherten, auch wenn die Versicherung in der Form einer Gegenseitigkeitsanstalt auf= tritt, bei welcher die Gemeinschaft der Versicherten die Stelle des Versicherers dem einzelnen versicherten Mitglied gegenüber übernimmt.*)

Wahrer Gegenstand der Versicherung ist daher auch keines= wegs die Sache selbst, oder die Person, welche als „versichert" im technischen Sinne bezeichnet wird, sondern das Vermögensinteresse,

---

*) Die frühere Anschauung, der zu Folge jeder Theilnehmer gleichzeitig in dem Rechtsverhältniß eines Versicherers und eines Versicherten steht, und welche z. B. in den Reglements der öffentlichen Feuerversicherungs=Societäten Preußens Ausdruck gefunden hat, ist nicht correct.

welches an deren Erhaltung oder deren Leben geknüpft ist, und welches durch einen möglicherweise überhaupt oder möglicherweise zu früh eintretenden Unglücksfall bedroht ist.

Der Versicherung fehlt somit das Merkmal der Körper=lichkeit.

Aus allem diesem ergeben sich nun eine Reihe, das Institut der Versicherung eigenthümlich charakterisirender Momente:

1. Die Gefahr, gegen deren Folgen Versicherung genommen und gegeben wird, muß möglichst vertheilt werden, damit der durch ihren nicht gehofften Eintritt herbeigeführte Schade in möglichst enge Grenzen gebannt werde, und die vom Versicherer rechtlich übernommene Ersatzleistung auch factisch möglich bleibe.

Das Princip der Vertheilung der Gefahr nimmt im Ver=sicherungswesen dieselbe Stelle ein, wie das der Theilung der Arbeit bei den übrigen menschlichen Thätigkeiten. Jenes ist nur objektive, dieses subjektive Ausdrucksweise. Die Uebernahme der überhaupt vorhandenen Gesammtgefahr ist die Gesammtaufgabe oder Arbeit aller Versicherer, welche dieselbe nach Maßgabe der den Einzelnen zu Gebote stehenden Mittel unter sich vertheilen und so ihre Auf=gabe lösen oder ihre Arbeit thun.

Diesem Grundprincip verdankt die Mitversicherung und die aus ihr hervorgegangene Rückversicherung ihre Entstehung und systematische Ausbildung. Indem also die Gesammtgefahr in eine unermeßliche Zahl einzelner Gefahrsobjekte getheilt oder aufgelöst wird, übernimmt der einzelne Versicherer den auf ihn entfallenden Theil, so daß er — zumal wenn diese Uebernahme freiwillig ist — nicht zu besorgen braucht, es werde der Unfall, welcher eines dieser Objecte ergriffen hat, sich auf viele oder gar alle der von ihm übernommenen übertragen. Dadurch allein erreicht er die Gewißheit der Erfüllung seines Zweckes: mit seinen Mitteln den über=nommenen Verpflichtungen gerecht werden zu können. Wenn es sich also z. B. um die Uebernahme der von den sämmtlichen Häusern einer Stadt dargestellten Gefahr des Unterganges durch eine Feuersbrunst handelt, so ist es die Aufgabe des einzelnen Ver=sicherers, das Gesammtrisico in Vergleich zu seinen Mitteln zu ziehen, und wenn er findet, das jenes diese z. B. um das so und so viel=fache z. B. das zehn= oder zwanzigfache übersteige, so wird er eben

nur den verhältnißmäßigen Theil übernehmen können. Er wird also nur
diesen Theil und in weiterer Consequenz dieser Arbeitstheilung immer
nur z. B. je das zehnte oder zwanzigste Haus in Deckung nehmen. Die
übrigen Theile werden dann nach demselben Princip von den an=
deren Versicherern übernommen werden, indem z. B. der zweite
Versicherer je das 2., 11., 21. Haus u. s. w., der dritte je das
3., 12., 22. u. s. w., u. s w. übernimmt. So theilen sich die vorhan=
denen Versicherer in die Arbeit der Gefahrsübernahme, indem sie
auf diese Weise ihre Leistung — den Schadensersatz, so vertheilen,
daß die rechtlich übernommene Verpflichtung auch factisch zu leisten
möglich ist.

Wagner zieht für seine Theorie der allgemeinen Zwangsbetheili=
gung das Beispiel der Stadt Berlin heran (S. 23), wo eine
öffentliche Societät das gesammte Immobiliarvermögen, aber
neunundzwanzig verschiedene Privat=Anstalten das Mobiliar=
vermögen deckten, mit Summen von 160—3 Millionen, ja bis
$1/7$ Million herab, und nennt das eine „ungemeine Zersplitte=
rung" des Betriebes, durch welche große Kostensummen auf=
gehäuft würden, welche volkswirthschaftlich zum Theil als Verlust=
posten gelten müßten. Dieses Beispiel beweist aber weder für ihn
noch gegen uns, denn die Theilung der Arbeit wird hier subjektiv
von einer Gemeinschaft von etwa 19 000 Versicherern übernommen
und objectiv liegt in den ganzen Anlagen der Stadt, der Bauart
der Häuser, der Breite der Straßen, der räumlichen Ausdehnung
des Complexes eine solche Vertheilung der Gefahr vor, daß selbst
das Zusammentreffen einer ganzen Reihe sehr unglücklicher Umstände
die Societät nicht in die factische Unmöglichkeit versetzen würde,
ihren Verpflichtungen den einzelnen Mitgliedern gegenüber nachzu=
kommen. Das Beispiel Hamburgs, welches zur Deckung seines un=
geheuren Schadens von 1842 eine noch heut nicht getilgte Anleihe
aufnehmen mußte, beweist nur die Größe seines Credits; aber
wahrlich nicht die Richtigkeit der Theorie von der allgemeinen Zwangs=
betheiligung. Auch ist das äußerst bedenkliche der nicht genügenden
Vertheilung der Gefahr schon oft, auch im Schooße der städtischen
Vertreter gewürdigt, und der Wagner'sche Vorschlag, der ja impli=
cite in seinen Darstellungen liegt, auch die von jenen neunund=
zwanzig Privatversicherern übernommene, im Mobiliarvermögen reprä=

sentirte Gefahr auf die Societät zu übernehmen, kann sicher sein, nicht einen sachverständigen Vertheidiger zu finden.

Wagner erkennt eben nicht, daß hier, völlig bewußt, das Princip der „nothwendigen Arbeitstheilung" der wirkende Factor gewesen ist, und es immer bleiben muß, wenn nicht die Zweckerfüllung durch zu große Inanspruchnahme der Mittel zu einer faktischen Unmöglichkeit werden soll. Die Arbeitstheilung ist also auch hier eine innere d. h. in dem höchst wünschenswerthen Austausch ihrer Produkte begründete Nothwendigkeit, und es können daher die dadurch hervorgerufenen Unkosten volkswirthschaftlich keineswegs als Verlustposten gelten, denn durch ihre Aufwendung werden eben die durch die Sache selbst erst entstehenden realen und personellen Bedürfnisse befriedigt.

2. Die Gefahr muß häufig, oder mit einer gewissen Regelmäßigkeit eintreten, damit der Grad der Wahrscheinlichkeit ihres Eintritts überhaupt wenigstens einer approximativen Schätzung unterliegen kann. Bei der Lebensversicherung ist es (für den Normalfall) die Gefahr eines den Gesetzen der Absterbeordnung zuwider erfolgenden vorzeitigen Sterbens. welche der Taxirung nach den Regeln der Wahrscheinlichkeitsrechnung unterliegt.

3. Die Gefahr darf nicht vom Versicherten selbst herbeigeführt werden, da sonst ihm gegenüber kein Zufall vorliegt.

4. Die Gefahr, gegen welche Versicherung gegeben wird, muß genau bezeichnet sein. Diese Gefahr kennt in der Regel nur der Versicherte genau. Nur er wird in der Regel z. B. die Seetüchtigkeit seines Schiffes, die Feuergefährlichkeit seines Gewerbes, die von ihm überstandenen Krankheiten speciell kennen. Er muß daher den Versicherer über alle einzelnen Momente der zu übernehmenden Gefahr vollständig unterrichten, damit dieser deren Größe auch vollständig zu übersehen vermag.

5. Da die vom Versicherer zu übernehmenden Gefahren individuell höchst verschieden sind, so muß der vom Versicherten für die Uebernahme der von ihm offerirten Gefahr zu zahlende Preis derselben adäquat sein.

6. Dieser vom Versicherten zu zahlende Preis kann aber nur der objectiv zu übernehmenden Gefahr adäquat sein, denn nur für diese ist eine Durchschnittsgefahr vorhanden. Liegt eine

subjective Gefahr, oder auch nur der Verdacht einer solchen vor: d. h. glaubt der Versicherer annehmen zu können, daß der Versicherte den Unglücksfall, für dessen vermögensnachtheilige Folgen er haften soll, selbst herbeiführen werde, so ist dieser Gefahr gegenüber kein Kaufpreis mehr adäquat.

7. Wegen der Möglichkeit dieser subjectiven Gefahr muß dem Privat=Versicherer ein Wahlrecht bleiben, ob event. unter welchen Bedingungen er die angetragene Versicherung überhaupt annehmen will. Dem öffentlichen Versicherer dagegen kann ein solches nicht zugestanden werden. Denn das Fundament aller öffentlichen Anstalten, sie mögen einen Zweck haben, welchen sie wollen, besteht darin, daß bei ihnen „die Pflicht und nicht das Recht im Sinne einer willkürlich auszuübenden Befugniß als der hauptsächlichste Gesichtspunkt erscheint." Sobald also ein Versicherer die unbedingte Annahmepflicht aufgiebt und sich ein Wahlrecht vindicirt, so giebt er auch seinen Character als öffentlicher Versicherer auf, und wird Privat=Versicherer. Ob ein Versicherer beide Eigenschaften in sich vereinigen könnte, und also z. B. für die Immobilien öffentlicher, für die Mobilien Privat= Versicherer sein, müßte im Princip verneint werden; daß es faktisch vorkommt, rechtfertigt die Inconsequenz nicht.

8. Der Versicherte muß ein vermögensrechtliches Interesse an der Erhaltung des versicherten Objectes haben; in der Regel wird es das des Eigenthümers, es kann aber auch das des Nutznießers, Pfandgläubigers, Pächters u. dgl. sein. Das Interesse des Lebensversicherten besteht darin, daß er seinen Nachlaß auf eine bestimmte Summe bringen will; diese Summe fixirt er im Versicherungsvertrage; er kann seinen Zweck nur durch regelmäßige Ansammlung verhältnißmäßig kleiner Beträge erreichen, welche ihm der Versicherer verzinst; er braucht zu dieser Ansammlung eine bestimmte Anzahl Jahre. Stirbt er früher, so ist das an jener Summe am Tage seines Todes Fehlende, also die Differenz zwischen dem wirklich Angesammelten und der Versicherungssumme, sein Schade; denn er stirbt ärmer, als er gewollt hat, sein Nachlaß ist die vermögensrechtliche Forteristenz seiner Person. Es handelt sich also auch bei dem Normalfall der Lebensversicherung um sein — des Versicherten — vermögensrechtliches Interesse, darum ist auch sie

wahre Versicherung, was wir hier beiläufig gegen Thöl, Dernburg, Endemann und einige andere bemerken.

9. Da das vermögensrechtliche Interesse durch den Tausch= werth des (natürlich stets genau zu bezeichnenden, also individuell bestimmten) Objects begrenzt ist, so darf die Güter-Versicherung nicht über diesen Tauschwerth hinausgehen. Das menschliche Leben hat keinen Tauschwerth; folglich kann auch das an seine Fortexistenz geknüpfte Interesse so hoch gegriffen werden, als es dem Versicherten beliebt. Factisch findet dies seine natürliche Grenze in zwei Mo= menten: dem der Aufbringung der Prämien und dem der Leistungs= fähigkeit des Versicherers. Gesetzt auch: es könnte Jemand jährlich 3 Millionen aus seinen Einkünften entnehmen und zur Zahlung der Prämien verwenden, so würde doch selbst die Gesammtheit aller Versicherungsgesellschaften der Erde ihm nicht einen Betrag von etwa 100 Millionen als Versicherungssumme garantiren können, weil das auf nur zwei Augen gestellte Risiko ein ganz unverhältniß= mäßig großes und das Princip der Vertheilung der Gefahr völlig außer Acht gelassen wäre; die factische Möglichkeit der Erfüllung einer rechtlich zweifellosen Verpflichtung würde dadurch in Frage gestellt, und das widerspräche eben der Natur der Versicherung.

10. Da die Versicherung immer nur den Ersatz des wirk= lichen Schadens bezweckt, so bildet die Versicherungssumme auch immer nur die Grenze der Ersatzpflicht des Versicherers, niemals den Gegenstand derselben.

11. Gegenstand der Ersatzforderung ist vielmehr der erlittene Schaden, oder der Betrag des geminderten Tauschwerths.

12. Die Versicherung gegen Prämie ist ein absolutes Handels= geschäft auf beiden Seiten*). Aber zwischen ihr und allen anderen Handelsgeschäften bestehen mehrere principielle Unterschiede.

13. Erstens der, daß bei diesen einer **effectiven** Leistung immer auch eine **effective** Gegenleistung gegenübersteht, bei der Versicherung dagegen der effectiven Leistung auf Seiten des Versicherten nur das Versprechen einer Gegenleistung Seitens des Versicherers für einen möglichen Fall gegenübergestellt wird. Dies gilt nicht nur von der gesammten Güterversicherung, sondern

---

*) Vgl. Allgemeines Deutsches Handelsgesetzbuch. § 271, Ziffer 3.

auch von der Personenversicherung, denn bei der letzteren ist wenigstens das quando stets incertum, wenn auch, wie bei der am häufigsten vorkommenden Form derselben, der Versicherung eines Capitals auf den Todesfall, das an allerdings certum ist.

14. Ein zweiter, tief einschneidender Unterschied ist der, daß bei jeder anderen Art von Handelsgeschäften der Kaufmann stets erklären kann: keine neuen Geschäfte mehr abschließen, sondern nur die abgeschlossenen zu Ende führen zu wollen, ohne daß hierdurch das Wesen oder die Sicherheit der bereits abgeschlossenen Geschäfte irgendwie alterirt würde. Denn es hat z. B. auf die abgeschlossene Lieferung von Militairtuch für ein Regiment absolut keinen Einfluß, ob der Lieferant bereits vorher für ein anderes Regiment eine derartige Lieferung übernommen hat, oder ob er eine solche in Zukunft übernehmen wird. Jedes einzelne Lieferungsgeschäft trägt sich eben selbst; die beiderseitigen Leistungen: Waare auf der einen, Zahlung auf der andern, sind mit allen Nebenbedingungen contractlich festgestellt; sie sind beiderseits effectiv, und entsprechen einander in ihrem Werthe vollkommen. Denn indem für das Tuch der bedungene Preis zugestanden wird, erkennt der Abnehmer an, daß es für ihn diesen Werth habe. Daß in dem Preise außer dem Werthe des Rohproducts auch noch der Ersatz für das bereits verausgabte Arbeitslohn, die Transportkosten und der Gewinn des Lieferanten steckt, hat auf diese Frage keinen Einfluß.

Ganz anders bei der Versicherung. Der Versicherte weiß, daß seiner minimalen Leistung eventuell eine enorme Gegenleistung folgen muß, und daß seine Prämie für sich allein betrachtet, den Versicherer gar nicht in den Stand setzen würde, seiner für den eventuellen Unglücksfall übernommenen Verpflichtung zu genügen. Die Sicherheit des Versicherten besteht vielmehr fast ausschließlich darin, daß vor und nach ihm der Versicherer viele tausende ähnlicher Geschäfte abgeschlossen hat und weiter ohne Aufhören abschließen wird.

Wir sagen: fast ausschließlich, und zwar mit Rücksicht auf die doch nur eventuellen Vor=Policen. Eine neu auftretende Versicherungsgesellschaft hat eben noch gar keine Versicherungen abgeschlossen, und sie muß deshalb den darin liegenden Mangel an Sicherheit anderweitig ersetzen, was bei Actien=Gesellschaften durch das Actiencapital, bei Gegenseitigkeits=Gesellschaften durch einen als Darlehn aufgenommenen und nach einem bestimmten Plane zu amortisirenden Garantiefonds geschieht. Daß auf das Actiencapital nur ein Theil baar eingeschossen, der andere durch Solawechsel gedeckt zu werden pflegt, ist ebenso unwesentlich, wie daß beide Fonds gleichzeitig den Zweck haben, oder doch haben können, die Organisationskosten zu bestreiten. Der für die Zulässigkeit der Amortisation des Garantiefonds bei Gegenseitigkeitsanstalten maßgebende Gedanke ist der, daß er überflüssig erscheint, und die Versicherten nur mit einer unnützen Zinslast beschwert, sobald der Geschäftsumfang derartig gewachsen ist, daß er sich selber tragen kann.

Das Abschließen neuer Versicherungsverträge Seitens des Versicherers weiter ohne Aufhören bildet also, wie wir sagten, die eigentliche, wesentliche und (fast) ausschließliche Garantie des Versicherten für den Ersatz des ihn, ungewiß ob überhaupt, oder doch mindestens ungewiß wann, treffenden Schadens. Dieses perpetuirliche Neu=Abschließen bildet also eine wesentliche und absolute, wenn auch stillschweigende Voraussetzung aller von einem Versicherer geschlossenen Versicherungs=Verträge. In ihrer Gesammtheit und in dem beständigen Zufluß liegt das ausgleichende Gesetz der großen Zahl. Dies aber käme sofort in Wegfall, sobald der Zufluß aufhörte, und je geringer der von Tag zu Tag mit dem Ablauf der einzelnen Verträge verbleibende Rest wird, desto rapider sinkt diese Garantie für den Versicherten. In einem solchen Absperren des Zuflusses liegt also eine totale Veränderung der ökonomischen und damit auch der ihr nothwendig correlaten juristischen Natur des Versicherungsvertrages, was bisher keineswegs mit genügender Klarheit erkannt ist.

Diese doppelte Veränderung bringt es mit sich, daß es dem Versicherten freistehen muß, sobald der Versicherer seiner wesentlichen, wenn auch stillschweigenden, Verpflichtung: unaufhörlich neue Verträge analoger Art abzuschließen, nicht mehr nachkommen zu können oder zu wollen erklärt hat — was im ersten Fall durch die Concurseröffnung, im zweiten durch die freiwillige Liquidation geschieht — vom Vertrage zurückzutreten. Im ersten Fall ist dies Recht durch constante Judikatur anerkannt, im zweiten nicht. Dies rührt daher, daß die Juristen weniger die reale Natur der Ver-

ſicherung, als die lediglich formale des zweiſeitigen oneroſen Ver=
trages in's Auge gefaßt haben. Wären ſie tiefer in jene einge=
drungen, ſo hätten ſie auch die Veränderung in der juriſtiſchen
Natur des Vertrages ſelbſt erkennen und ihr Rechnung tragen
müſſen.

Faſſen wir das Ergebniß unſerer Unterſuchungen zuſammen,
ſo ergiebt ſich: daß die Verſicherung ein Inſtitut von ſpecifiſcher
Eigenthümlichkeit iſt, und keine Analogie mit irgend einem andern
volkswirthſchaftlichen Inſtitut beſitzt. Alſo auch nicht mit dem Ver=
kehrsweſen. Denn dieſes befriedigt wirklich vorhandene, täglich ſich
wiederholende, Allen gemeinſame Bedürfniſſe, iſt alſo ſeinem Charakter
nach ſocial, wie Wagner richtig erkennt. Er begreift darunter
Geld= und Münz=, Credit= und Bank=, ſowie das Communikations=
weſen. Inhärent iſt offenbar nur dem Münzweſen der Regalcharakter,
da nur der Staat die Autorität beſitzt, um die allgemeine Waare
zu dem anerkannten Tauſchmittel für alle beſonderen Waaren machen
zu können. Die Verſicherung aber gedenkt nur künftiger, möglicher,
bei der Sachverſicherung in der weit überwiegenden Mehrzahl der
Fälle überhaupt niemals eintretender Bedürfniſſe, und iſt im emi=
nenten Sinne individuell, was Wagner verkennt.

Da der Staat aber nicht individuellen, ſondern nur generellen,
oder ſocialen Bedürfniſſen Befriedigung gewähren kann, ſo kann
auch nur die Verſtaatlichung der, den letzteren dienenden Einrich=
tungen ein eventuell zu rechtfertigender Eingriff in das Privat=
eigenthum, oder eine zuzulaſſende Imprägnirung des Regal=
charakters ſein.

Wenn Wagner alſo ſeine Verſtaatlichungsideen hinſichtlich des
Verſicherungsweſens auf deſſen angebliche Analogie mit dem Ver=
kehrsweſen ſtützt, ſo ſchweben ſeine Deductionen in der Luft.

Viertes Kapitel.

Die Verstaatlichung des Versicherungswesens.

„Die Einmischung des Staates in die freie Bewegung der In=
„dustrie ist an sich ohne Zweifel ein Uebel. Man darf also nur im
„Nothfalle dazu greifen, und wenn das andere Uebel, welches da=
„durch verhütet werden soll, unzweifelhaft noch größer ist."

„Versteht man nun unter Organisation der Arbeit eine Leitung
der Industrie von Staatswegen, so wird doch Jedem, welcher
nur die mindeste wirkliche Kenntniß der Gewerbe hat, sofort ein=
leuchten, daß sowohl Grad wie Art dieser Leitung bei jedem ver=
schiedenen Gewerbzweige verschieden sein muß. Eine Leitung, welche
das eine Gewerbe vollständig lähmen würde, kann für ein anderes
recht erträglich, ja erwünscht sein. Niemand sollte des=
halb solche Projecte machen, ohne die genaueste
technologische Ausführung im Detail. Je allgemeiner
der Plan gültig sein will, um so mehr bezeugt er den unprak=
tischen Sinn, ja die Unwissenheit des Verfassers."

(Roscher, Ansichten der Volkswirthschaft aus dem geschichtlichen Standpunkte
S. 275 und 276.)

Wagner beginnt seine Auseinandersetzungen mit der angeb=
lichen Richtigstellung der Frage: ob „Verstaatlichung", d. h. ob
Uebertragung des Versicherungswesens im Ganzen oder doch ein=
zelner Hauptzweige, also namentlich der Feuerversicherung, und neben
ihr der beiden landwirthschaftlichen Zweige, der Hagel= und Vieh=
versicherung, ferner der Lebensversicherung — auf den Staat; ob auf
das Reich oder auf die Einzelstaaten, das alles sei erst eine Frage
zweiter Ordnung, nämlich der Organisation; in erster Linie müsse
entschieden werden, ob öffentlicher oder privater Betrieb, ob öffent=
lich = rechtliche oder privat = rechtliche Stellung.

Schon hier müssen wir entschieden widersprechen.

Die Organisation des Versicherungswesens ist eine Frage eminent praktischer Natur, bei welcher nichts weniger am Platze ist, als eine aprioristische Prüfung bezw. der Versuch einer Lösung. Die concreten Verhältnisse müssen vielmehr in erster Linie berücksichtigt werden, und was für ein Land und für ein Jahrhundert passend, ja nothwendig erschien, kann und wird vielleicht schon für den Nachbarstaat gänzlich unbrauchbar sein, gerade wie das folgende Säculum es für das eigne Land als nicht mehr brauchbar verwirft. Das Jahrhundert des Dampfs und der Electricität braucht natürlich andere Einrichtungen, als diejenigen, welche für eines paßten, wo unchaussirte Landwege und Botenposten die Regel waren. Uebrigens versteckt Wagner hier noch seine eigentliche Meinung. Für ihn dreht sich die Hauptfrage gar nicht mehr um öffentlichen oder privaten Betrieb — denn die ist ihm durch seine oben dargelegte Parteistellung als Staatssocialist zu Gunsten des ersteren a priori entschieden — sondern um directen oder delegirten Staatsbetrieb. Das verhüllt er aber vorläufig, um erst zum Schluß, wo er die Anknüpfung an die Societäten empfiehlt, damit hervorzutreten.

Man kann Wagner darin beistimmen, daß der Versicherer immer nur, also auch als Actiengesellschaft, der Vermittler zwischen den einzelnen Versicherten bezw. der von diesen gebildeten Gemeinschaften sei, und daß diese selbst eigentlich einander die wahre Garantie durch ihre Beiträge oder Prämien leisteten, während namentlich bei den Actien= oder, wie er sie zu nennen beliebt, Erwerbs=Gesellschaften das eigne Kapital derselben nur in zweiter Linie als Garantiefonds zu betrachten sei. Wenn er aber daraus folgert, daß dies nur ausnahmsweise bei sehr großer Höhe wirklich und wesentlich in Betracht komme und als Beweis dafür den sehr großen Unterschied zwischen dem wirklich eingezahlten Kapital und dem durch die Versicherungssumme dargestellten Risico — Ende 1878 bei der deutschen Feuerversicherung 36 Millionen zu 38 Milliarden, also nicht 1 pro Mille — anführt, so widerspricht dem nicht nur die Erfahrung, sondern er mißversteht auch offenbar den Begriff der Versicherungssumme, die er mit „Schadensumme" identificirt, was wir schon oben als falsch zurückgewiesen haben.

Wie wenig der Umstand ins Gewicht fällt, ob das Actien=
capital groß oder klein sei, beweist die Thatsache, daß eine Reihe
deutscher Feuerversicherungs = Gesellschaften ihr Geschäft Jahre,
selbst Jahrzehnte lang, fortbetrieben haben, und **ihren Ver=
sicherten gerecht geworden sind**, trotzdem durch Ver=
luste ihr Capital selbst hatte in Anspruch genommen werden
müssen. Wie viel dagegen die von Wagner gleich seinen Freunden
Hülsen = Cramer verspottete „angebliche" Garantie durch die
Sola=Wechsel der Actionäre doch wirklich werth ist, dafür sprechen
zahlreiche Nachzahlungen bei Actiengesellschaften verschiedener
Branchen, welche zur Erfüllung der ihnen den Beschädigten
gegenüber erwachsenen Verpflichtungen nothwendig waren. Wir
erwähnen nur die jüngste: die der Berlin-Kölnischen Feuerversiche=
rung = Actien = Gesellschaft, welche 50 pCt. des Gesammtcapitals
oder 4 1/2 Millionen Mark betrug.

Wenn Wagner weiter behauptet, daß man gerade mit dem
System der festen Prämien die Garantie der Leistungsfähigkeit des
Versicherers vermindere, weil man bei gleich bleibendem Risico die
Verpflichtung derer, welche dies in letzter Zeit doch auf die Dauer
tragen müßten, der Versicherten, ein für allemal festsetze — so ist
darauf zu entgegnen: daß nur bei der Lebensversicherung die
Prämien „ein für allemal" festgesetzt sind, weil dieser Vertrag ein
einheitlicher, d. h. für die ganze Lebensdauer des Versicherten
(wir haben hier natürlich nur den Normalfall im Auge) gültiger,
nicht nur auf diejenige Periode, für welche die Prämienzahlung
geleistet wird, beschränkter, und etwa nur von Periode zu Periode
prolongirbarer Vertrag ist.

Gerade in Bezug auf die Lebensversicherung tritt nun der
fehlgreifende Ideengang Wagner's mit Evidenz zu Tage, und es
mag darum gestattet sein, diese Stelle als typisch für das ganze
fehlerhafte Beweisverfahren in eine hellere Beleuchtung zu setzen.

Wenn Wagner den Vorzug einer wirthschaftlichen Ordnung
vor einer andern demonstriren will, so muß er im letzten Grunde
auf rein quantitative Werthbestimmungen kommen, da es sich um
solche schließlich allein handelt, und dies kann aus rein logischem
Grunde wiederum nur auf dem Wege quantitativer gegenseitiger

Abwägungen geschehen. Jedes Raisonnement mit vagen Begriffen zu diesem Behufe ist ohne Concludenz: es kann wahr, es kann falsch sein.

Wie falsch es im vorliegenden Falle ist, wollen wir mit Zuhülfenahme der von Wagner wohl aus Unkenntniß ausgelassenen quantitiven Bestimmungen zeigen.

Die „Risikokraft", wie Wagner es in seiner Weise nennt, oder, in schlichtem Teutsch gesprochen, die Sicherung einer Lebensversicherungs-Anstalt wird durchaus nicht durch die aus den Begriffen „Gegenseitigkeit" und „Actie" folgenden Consequenzen gemessen, sondern es handelt sich (das „ceteris paribus" Wagners ohne Rücksicht auf das Schielende und Vieldeutige des Ausdruckes zunächst gleichfalls angenommen), bei dieser vergleichenden Werthbestimmung um weiter nichts, als um die Vergleichung der Verhältnisse der Sicherheitsfonds zu den im Risiko stehenden Summen. Das ist kein schweifender Begriff, sondern eine eindeutige Größen-Bestimmung, an die sich keine logische Schein- und Schleich-Aenderung knüpfen läßt. Die Sicherheitsfonds setzen sich zusammen aus dem Actien-Kapitale resp. Gründungsfonds, der Prämien-Reserve, den besonderen Kapital- und Gewinn-Reserven, und den „noch nicht vertheilten Ueberschüssen." Nehmen wir also einige concrete Beispiele. Bei der Actien-Gesellschaft Concordia betrugen die Sicherheitsfonds ult. 1880 59 Millionen Mark gegenüber einem Versicherungsbestande von 143 Millionen Mark und bei der Potsdamer gegenseitigen Lebensversicherungs-Gesellschaft, einer kleinen Privat-Gegenseitigkeits-Anstalt sind diese Ziffern resp. 5 Millionen und 57 Millionen; aus diesen Ziffern folgt („ceteris paribus"), daß die Concordia den Versicherten eine etwa dreimal so große Sicherheit bietet als die Potsdamer Gesellschaft. Aus welchen Gründen die Sicherheit bei der Concordia sogar noch wesentlich größer ist, wollen wir hier nicht näher auseinandersetzen, weil dies von nebensächlicher Bedeutung ist und ein zu weit vom Wege abführendes Eingehen in fachmännisches Detail erfordern würde. Unser Zweck ist zudem lediglich, die richtigen Wege im Gegensatz zu Wagner's logischen Ab- und Umwegen zu signalisiren.

Wenn Wagner die „Nachschußverbindlichkeit" bei den Gegenseitigkeits-Gesellschaften" als Factor in die Rechnung einzuführen

versucht, so berücksichtigt er nicht, daß durch die bisherigen Er=
fahrungen bei den Liquidationen von Gegenseitigkeits=Gesellschaften
dieser Factor als thatsächlich vom Werthe Null sich erwiesen hat. Ein
lehrreiches Beispiel dafür bietet der traurige Untergang der Nord=
deutschen Lebensversicherungsbank auf Gegenseitigkeit, bei welcher
diese „Nachschußverbindlichkeit" in Wahrheit nicht zur Sicherheit
der Versicherten, sondern zu anderen, hier nicht zu erörternden
Zwecken gedient hat.

So viel über die durch das System der „festen Prämien"
bei der Lebensversicherung repräsentirte „Risikokraft".

Bei der Feuerversicherung dagegen, wie bei der ge=
sammten Güter= (Sach=) Versicherung überhaupt, werden die Ver=
träge immer nur auf kürzere Dauer, meist auf ein Jahr, abge=
schlossen, nach dessen Ablauf also ein neuer Vertragsschluß noth=
wendig ist, und, da auf beiden Seiten vollständige Freiheit des
Handelns herrscht, auch zu andern, als den bisherigen Bedingungen
abgeschlossen werden kann und sehr häufig abgeschlossen wird. Hat
also der Versicherer die Ansicht gewonnen, daß die bisher von ihm
für das Risico stipulirte Prämie zu niedrig, d. h. der gegenüber=
stehenden Gefahr nicht entsprechend ist, so steht ihm die Alternative
offen: entweder das Risico überhaupt fallen zu lassen, oder es von
nun ab nur zu einer erhöhten Prämie zu versichern, also die tem=
poräre Risico=Schwäche in eine Risico=Stärke zu verwandeln.

Man kann eine Sache kaum schiefer auffassen, als Wagner
es bei der Beurtheilung der Garantien thut, welche die Feuerver=
sicherungs=Actiengesellschaften ihren Versicherten bieten. Er erklärt
nämlich das eingezahlte Kapital für das Wesentliche, sowohl in Hin=
sicht der Garantie, wie der Gewinnberechnung. Er ignorirt den Ge=
sellschaften gegenüber einfach den Unterschied zwischen stehendem und
umlaufendem Kapital, und übersieht, daß jenes — also das
eingezahlte, sowie das durch Wechsel gedeckte Grundcapital, ferner
die aus den nicht verbrauchten Ueberschüssen angesammelten Reserve=
capitalien doch erst in zweiter Linie in Angriff genommen wird,
wenn dieses, d. h. die Prämien= und die Zinseneinnahmen zur
Deckung der laufenden Ausgaben, d. h. also der Schäden, der
Rückversicherungsprämien und der Verwaltungskosten, nicht ausreicht.

Daß das umlaufende Kapital noch eine fernere Stütze an den weitverzweigten Rückversicherungsverbindungen der deutschen Gesellschaften besitzt, das ignorirt Wagner gleichfalls.

Für diejenigen 28 deutschen Feuerversicherungs-Actiengesellschaften, welche im Jahre 1880 das directe Geschäft in und außerhalb Deutschlands betrieben haben, geben wir folgende, auf quellenmäßiger Zusammenstellung aus den Rechnungsabschlüssen beruhende Zahlen für das genannte Jahr an, wobei wir bemerken, daß das Capital der Bayerischen Hypotheken- und Wechselbank den Angaben derselben entsprechend mit Mk. 5 142 857 angenommen ist, und daß sowohl bei ihr, wie bei der Hamburg-Magdeburger Feuerversicherungsgesellschaft eine Vollzahlung der Actien stattgefunden hat.

Es betrug also Ende 1880 das stehende Kapital:

a) ursprünglich baar eingezahltes Grundcapital Mk.   39 868 709
b) durch Wechsel gedecktes   „   „   133 718 421
                                      Sa. Mk. 173 587 130

Dieses Kapital war, seinem stehenden Charakter entsprechend, auch in stabilen Werthen angelegt, nämlich:

in Immobilien . . . . Mk.   7 851 882
in Hypotheken . . . .   „   38 945 696
                                      Sa. Mk.   46 797 578
also über obige . . . .   „   39 868 709
hinaus, noch . . . .   Mk.   6 928 869

welche aus Ueberschüssen früherer Jahre erspart und dem stehenden Kapital zugeschrieben sind.

Das umlaufende Kapital betrug im Jahre 1880:

a) an Prämien-Einnahmen . . . . . Mk.   83 980 240
b) an Zinsen . . . .   „   5 176 737
                                      Sa. Mk.   89 156 977

Die daraus zu bestreitenden laufenden Ausgaben bezifferten sich auf:

a) an Brandschäden für eigene
   Rechnung . . . . . . Mk. 35 931 621
b) an Rückversicherungsprämien   „   32 071 725
c) an Provisionen und Verwaltungskosten . . . .   „   16 057 629
                                      „   84 060 975

Das umlaufende Kapital überwog also die laufenden Ausgaben um . . . . . . Mk.   5 096 002

Wenn Wagner trotzdem immer noch von den ungenügenden Fonds der Actiengesellschaften spricht, so überwiegt eben der sozial=politische Agitator in ihm den wissenschaftlichen Forscher!

Uebrigens hat sich die Erfahrung so sehr für das Princip der festen Prämien ausgesprochen, daß sogar ein großer Theil der Gegen=seitigkeitsgesellschaften dazu übergegangen ist, unter Vorbehalt der eventuellen Dividendenvertheilung resp. Nachschußerhebung vorläufig feste Beiträge zu erheben. Wechselnde Beiträge oder gar Nach=schüsse liebt das Publicum nun einmal nicht. „Feste Preise" sind in der Assecuranz ebenso bevorzugt, wie im Waarenhandel, und schwerlich wird die Wagner'sche Theorie daran etwas ändern.

Das System fester Prämien, so argumentirt Wagner weiter, habe nun eine volkswirthschaftlich bedenkliche Folge: nämlich das Aussuchen der besseren Risiken, die Classification derselben und die derselben entsprechenden Prämientarife, und in Folge dessen den Ausschluß schlechterer Risicen, welche also entweder ganz unversichert bleiben müßten, oder doch nur zu einer fast unerschwinglichen Prämie Deckung finden könnten. Er generalisirt dann den Vorwurf, indem er auch die Schiffsclassification für Versicherungszwecke, sowie die Auswahl der Leben als volkswirthschaftlich falsch hinstellt, und als eine Ungerechtigkeit bezeichnet.

Dem Fachmann wird es schwer, die Wagner'sche Lehre auch nur begreiflich zu finden, geschweige, daß er ihr beistimmen könnte. Man muß in der That genau zusehen, ehe man den Kernpunkt seiner Theorie herausfindet, denn derselbe ist in der erwähnten Monographie nur angedeutet, und man muß auf seine „Grundle=gung" zurückgehen, um die vollständige Argumentation zu finden.

Wagner sieht nämlich in der „Risikenclassification" nur eine Consequenz des Princips absoluten Privat=Eigenthums, welche er — dieses Princip als richtig zugegeben — für unantastbar erklären muß.

Wie er aber über das „Privateigenthum" selber denkt, lehrt uns folgende Stelle aus seiner „Grundlegung" (§ 307), welche wir ihrer Wichtigkeit wegen in extenso hierhersetzen:

„Aus der vorstehenden Untersuchung sind indessen für die Rechtsordnung des Capitaleigenthums zwei weitere wichtige Schlüsse abzuleiten, welche zugleich auch für unsere Gegenwart schon ein Zugeständniß an die Gegner dieser Institution*) enthalten.

1. Der erste Schluß betrifft die Ausdehnung des privaten Capitaleigenthums und die thatsächliche und eventuell auch die rechtliche Beschränkung dieser Ausdehnung. Es giebt nämlich allerdings schon heute im großen Umfange Capitaleigenthum in dem Besitze der Zwangsgemeinwirthschaften vor Allem des Staates und der Gemeinde, und zwar auch für die Zwecke materieller Production. Die mancherlei wichtigen Zweige privatwirthschaftlichen Einkommens von Staat und Gemeinde, ferner viele Zweige gebührenartigen Einkommens, besonders im Gebiete der Cultur= und Wohlfahrtsförderung, die großen öffentlichen Verkehrsanstalten (Eisenbahnen, Post, Telegraphie) u. s. w. sind bekannte Beispiele. Oefters waltet hier staatliches und communales Grundeigenthum vor, wie bei Feldgütern, Forsten, Bergwerken, aber damit ist gewöhnlich auch ein mehr oder weniger beträchtliches Capitaleigenthum verbunden. Mitunter steht letzteres auch selbstständig da, z. B. im Wagenpark von Verkehrsanstalten. Neben dem privaten existirt also in der That ein bedeutendes öffentliches Materialcapital. Dasselbe bildet und vermehrt sich auch nicht blos durch Vermittelung von Privatcapital oder aus Steuern, sondern vielfach direct durch die erforderlichen Dispositionsacte, welche die betreffenden Verwaltungen hinsichtlich der Production und der Verwendung der fertigen Güter treffen; wenn z. B. eine Forstbehörde Wegebauten, eine Eisenbahnverwaltung Wagenbaufabriken u. dgl. m leitet oder wenn aus dem Einkommen des Verwaltungszweiges ein Betrag zur Melioration oder auch zur ersten Begründung einer Betriebsanlage verwendet wird. Aehnliche Fälle sind in der Militär= und Marineverwaltung zahlreich. Hier wird also thatsächlich das Problem einer Bildung, Vermehrung und Verwendung von Nationalcapital ohne Vermittelung von Privatcapital gelöst. Jede neue Ausdehnung der zwangsgemeinwirthschaftlichen Thätigkeit vermehrt das National=

---

*) Dadurch gesellt sich also Wagner diesen Gegnern bei!

4

capital in der Form des öffentlichen statt blos in derjenigen des Privatcapitals. Eine principielle Grenze für diese Entwickelung läßt sich nicht angeben: sie wird thatsächlich immer wesentlich vom Stande der Productionstechnik und von der Bewährung des privatwirthschaftlichen Systems abhängen müssen. Unsere Zeit nähert sich daher dem socialistischen Ziele ohne Zweifel. Der Uebergang jedes neuen Productions- oder Leistungszweiges an den Staat, z. B. im Verkehrswesen, ist eine Etappe nach diesem Ziele. Blos die Unklarheit der Gegner der Socialisten, welche Leidenschaft blind macht, kann das verkennen. Der Irrthum der Socialisten liegt nur darin, statt einer langsamen geschichtlichen Entwickelung eine plötzliche, allgemeine Umgestaltung durch Staats- und Rechtszwang und statt einer Einengung des privatwirthschaftlichen Systems und des Privatcapitals eine völlige Beseitigung beider durch „öffentliche Wirthschaft" und „öffentliches Capital" herbeiführen zu wollen, — was nach dem Früheren für ungemessene Zeiten als unerreichbar und unerwünscht erscheint. Im Uebrigen ist das Problem der Beschränkung der Ausdehnung des Privatcapitals in der Eigenthumsordnung dasselbe wie dasjenige der Beschränkung des privatwirthschaftlichen Systems in der Ordnung oder Organisation der Volkswirthschaft.

2. Der zweite Schluß betrifft den Inhalt des Eigenthumsrechts in Bezug auf Privatkapital. Gerade bei der Beachtung der für die Bildung des letzteren maßgebenden Momente wird man bei allem Festhalten an diesem Privateigenthum, als dem hauptsächlichen Mittel der Bildung von Nationalkapital, dem Staate und der Gesetzgebung das Recht einräumen müssen, nicht nur nach dem Individualinteresse des Kapitalisirenden und seiner Rechtsnachfolger, sondern zugleich nach dem Gemeinschaftsinteresse der ganzen Volkswirthschaft den Inhalt dieses Eigenthums festzustellen, daher eventuell auch die Verfügungsfreiheit des Eigenthümers nach diesem Gesichtspunkte zu beschränken, und demselben weitere Verpflichtungen aufzulegen. Der absolute Inhalt des Eigenthumsrechts ist in Bezug auf Privatkapital nicht nur

noch mehr als bei dem meisten anderen Eigenthum und kaum weniger als bei Grundeigenthum unzulässig wegen der Verwendung des Kapitals, sondern auch unnöthig nach der Entstehungsart desselben. Denn wenn man sich vergegenwärtigt, daß wesentlich das Recht die Vertheilung des Nationalkapitals als Privateigenthum an die einzelnen Besitzer bestimmt, und daß es nur Gründe des Gesammtinteresses sind, aus welchem Privatkapital vom Rechte zugelassen wird; wenn man erwägt, daß die Privatkapitalisten eben nur Functionäre der Volkswirthschaft für die Bildung und Verwendung des Nationalkapitals sind, so wird man dem Staate nicht nur das Recht, sondern die Pflicht zuschreiben, die Bedingungen festzustellen, unter welchen die Kapitalisten ihr Eigenthum besitzen, „ihres Amts warten" sollen.

Von einem „principiellen Widerspruch" von Zinsgesetzen Pacht= und Miethgesetzen, Fabrikgesetzen, Verpflichtungen zu Beiträgen für gewerkliche Hilfskassen, für die Krankheits=, Alterversorgung der Arbeiter ꝛc. mit dem Privateigenthum kann also keine Rede sein. Die freihändlerische Polemik darf sich nicht, wie sie es thut, gegen solche Gesetze an und für sich, sondern nur gegen dieselben wenden, weil sie im concreten Falle ungerecht oder unzweckmäßig sind."

Hieraus constirt zweierlei:

erstens, daß Wagner in seinen Zielen mit den reinen Socialisten übereinstimmt und nur langsamere Wege für angemessen hält, und

zweitens, daß er in der Risiken=Klassifikation eine unzulässige Ausdehnung des Inhalts des Privateigenthums sieht, also meint, daß die Privatkapitalisten dadurch aus dem ihnen von ihm zugewiesenen Kreis als bloße Functionäre der Volkswirthschaft für die Bildung und Verwendung von Nationalkapital herausgetreten seien, und also in denselben zurückgewiesen werden müssen. Das kann aber, wie er in der Monographie auseinandersetzt, nur durch die Verstaatlichung des Versicherungswesens mit Zwangsbeitritt in der Weise geschehen, daß die besser situirten Klassen für die weniger gut situirten mit bezahlen.

Was nun zuvörderst die Ziele der Socialisten anlangt, so bedarf es keiner weitläufigen Erörterung, daß wir dieselben für un=

berechtete Forderungen einer zwar fein ausgekünstelten, aber der gesunden Anschauung von den realen Verhältnissen des Lebens widersprechenden Theorie halten und sie principiell verwerfen.

Privateigenthum wird, woran man unbedingt festhalten muß, in der Regel durch Arbeit erworben. Kapitaleigenthum wird durch sie überhaupt erst gebildet, und Eigenthum an dem durch die Natur uns gegebenen Grund und Boden entsteht ursprünglich durch Bearbeitung einer bestimmten Fläche. Durch diese, Privateigenthum erzeugende Arbeit wird dasselbe eine ethische Institution, und muß mit allen Formalitäten des Rechts in seinem Bestande geschützt werden, soweit nicht unabweisbare Gründe des ethischen Gesammtinteresses entgegenstehen.

An diesem ethischen Moment wird auch durch den Eigenthumserwerb mittelst Erbgang nichts geändert. Denn ob die Arbeit vom Erben selbst herrührt oder von seinem Erblasser, dessen Leben er in seiner Person fortsetzt, ist indifferent.

Darum ist die Verstaatlichung des Versicherungswesens, wie Wagner sie theoretisch will, ein schwerer Eingriff in diese ethische Institution des Privateigenthums,*) weil sie den Bethei-

---

*) Wir wollen hier einer Meinung Roscher's Erwähnung thun, welche sich noch in der funfzehnten Auflage seiner „Grundlage der National-ökonomie" von 1880, Buch IV Kap. 3 § 237d, findet. Dort heißt es:

„Zu einem guten Feuerversicherungswesen gehört namentlich Folgendes:

A.

B.

C. Sicherheit der Entschädigung. „Die obrigkeitliche Prüfung der Statuten muß namentlich darauf gerichtet sein, daß die Anstalt nicht mehr verspricht, als sie vermöge ihres Actienfonds und ihrer Prämienhöhe leisten kann".

Vorausgesetzt, daß Roscher, der also noch das Concessionsprincip vertheidigt, unter „Prämienhöhe" den „Prämientarif" verstanden hat, so irrt er in zwei wesentlichen Punkten. Einmal nämlich darin, daß die Staatsregierungen überhaupt die Prämientarife der Feuerversicherungs-Actiengesellschaften bei Prüfung des Statuts gleichfalls einer Prüfung unterziehen, und zweitens darin, daß er meint, die Gesellschaften seien an diesen, lediglich den Agenten als Leitfaden mitgetheilten Tarif gebunden. Daß dem nicht so ist, darüber sprechen sich die, einem solchen uns gerade vorliegenden Tarif beigegebenen allgemeinen Bestimmungen wie folgt aus:

„Die im Tarif angegebenen Prämiensätze sind als maßgebend zu betrachten. Es bleibt der Direction vorbehalten, für einzelne Bezirke höhere oder geringere Sätze zu normiren. Die Sätze sind

ligten zwingt, dasselbe zu einem ihm fremden Zwecke zu ver=
wenden, fremd, weil sie ihm kein Aequivalent bietet. Zur Recht=
fertigung dieses Eingriffs würde Wagner also auf das ethische Ge=
sammtinteresse zurückgreifen müssen, und daraus seine Nothwendigkeit
erweisen, was er bis jetzt noch nicht gethan hat. Und von diesem
Standpunkt aus müssen wir auch das jetzt auf der Tagesordnung
stehende Project einer monopolisirten Arbeiter = Unfallversicherung
principiell verwerfen.

Die Unfallversicherung ist erst in ihren Anfängen und noch
einer weiteren Ausdehnung fähig. Daß namentlich die Arbeiter=
Unfallversicherung auch auf nicht=haftpflichtige Unfälle erweitert wer=
den muß, darüber sind die Meinungen wohl kaum getheilt. Die
Aufgabe des Staats auf diesem Gebiet besteht also zunächst in der
Wegräumung der von ihm selbst durch die unvollkommenen Be=
stimmungen des Gesetzes vom 7. Juni 1871 geschaffenen Hemm=
nisse, also z. B. in der Abwälzung des onus probandi von den
Schultern des Arbeiters auf die des Fabrikunternehmers; ferner in
einer gesetzlich bestimmten, nicht in das Ermessen des Richters ge=
stellten Entschädigung. Damit allein ist aber den Arbeitern verhältniß=
mäßig nur wenig gedient. Die Versicherung gegen a l l e Unfälle — im
Betrieb und außerhalb desselben, am Wohnort und auf der Reise

---

als Minimalprämien zu betrachten und dürfen ohne Genehmigung
der Direction nicht unterschritten werden".
Aber doch mit Genehmigung derselben!
Dieser Tarif setzt z. B. die Minimalprämie für Baumwollspinnereien
in einem massiven Gebäude unter harter Dachung, mit Dampfheizung und
mit getrenntem Batteur oder Willow auf 6%₀ fest; gesteht aber bei Shedbau
eine Ermäßigung bis zu 50% zu. Soll der Staatsbeamte etwa entscheiden,
ob diese Sätze hoch genug sind? Soll er sie ändern, herauf= oder herabsetzen
dürfen? Das wäre doch eine der Consequenzen der obrigkeitlichen Prüfung.
Soll die Gesellschaft andererseits gezwungen sein, eine ihr offerirte Baumwoll=
spinnerei zu diesen Sätzen zu übernehmen? Das wäre eine zweite Consequenz
eines solchen, von Staatswegen genehmigten Tarifs! Oder soll es ihr nicht
vielmehr freistehen, ein solches Risiko zu noch niedrigerer Prämie anzunehmen,
wenn z. B. die subjectiven Verhältnisse vorzüglich sind? Soll sie im entgegen=
gesetzten Fall nicht auch berechtigt sein, die Offerte selbst zu einem viel höheren
Prämiensatz gänzlich abzulehnen?
Wäre Roschers Meinung richtig, dann müßte logischerweise die Staats=
regierung einen Normaltarif festsetzen, welchen alle Gesellschaften zu acceptiren
hätten. Das wäre aber wiederum ein ganz unberechtigter Eingriff in das
Privateigenthum sowohl der Versicherer wie der Versicherungsnehmer.

— muß eingeführt werden, aber möglichst nicht durch Zwang, sondern durch die gute Sitte. Denn nur dadurch erhält sie einen moralischen Werth, der gerade für das Verhältniß zwischen Arbeitgeber und Arbeitnehmer von so hohem Werth ist.

Meint man aber, natürlich nur aus socialen Gründen, eine obligatorische Versicherung der Arbeiter — also den Kassenzwang — gegen Unfälle, welche sie im Berufe erleiden, nicht mehr entbehren zu können, — meint man, das principielle Bedenken, daß der Staat nicht im Stande ist, dem Arbeiter Sicherheit für einen so hohen, das eherne Lohngesetz übersteigenden Arbeitsverdienst zu gewähren, daß daraus seine Beträge für die Unfall = Versicherung entnommen werden können, mit dem Hinweis auf die ethische Seite der Sache selbst überwinden zu können, — meint man, daß das Loos der Betroffenen wie ihrer Familien durch eine solche Fürsorge wesentlich werde gebessert werden, — meint man, daß dadurch die socialdemokratischen Ideen geklärt und berichtigt und in den Köpfen der Masse eine gesundere Anschauung werde erzeugt werden, — so wird man mit um so größerer Vorsicht und Sorgfalt an die technologische Ausführung des Planes herantreten müssen, damit nicht durch unrichtige Mittel an sich erstrebenswerthe Ziele verfehlt werden.

Die ganze Frage scheidet sich in eine sociale und in eine versicherungstechnische, aber nicht so, daß beide Momente unabhängig von einander betrachtet werden könnten; sie gehen vielmehr fortwährend in einander über.

Zunächst darf die ganze Frage nicht, oder doch mindestens nicht allein vom Standpunkt der erweiterten Staats=Armenpflege aufgefaßt, sondern es muß gleichzeitig das in der Versicherung, als einer Fürsorge für die Zukunft liegende ethische Moment der Selbsterziehung mit berücksichtigt werden.

Es hat sich bei den Berathungen des im Februar d. J. dem Reichstage vorgelegten Gesetzentwurfes gezeigt, und ist von den verschiedensten Parteistellungen aus anerkannt worden, daß gerade in jenem Standpunkt, der die Sache lediglich als Armenpflege behandelt wissen will, etwas moralisch Verletzendes für den Arbeiter liege. Der Arbeiter, der sich bewußt ist, daß er mit Aufbietung aller seiner physischen und intellektuellen Kräfte für den Unterhalt der Seinigen

forgt, will nicht in eine Kategorie mit Müßiggängern und Bettlern
geworfen werden. Er will kein Geschenk, sondern er will die Unterstützung, welche ihm oder seinen Hinterbliebenen im Unglücksfall zu
Theil wird, als ein verdientes Recht in Anspruch nehmen; das
ist eine ehrenwerthe Gesinnung, die gepflegt und gestärkt
werden muß.

Das erziehende Moment, welches in der Einführung der Ge-
bäude-Zwangsversicherung gegen Feuersgefahr lag, hat so gute
Früchte getragen, daß diese Versicherung heute für jeden bonus
paterfamilias eine sich von selbst verstehende Sache ist, daher auch
der Zwang — wenigstens in Preußen mit Ausnahme einiger
Städte — längst fallen gelassen ist. Es kann wohl kaum be-
zweifelt werden, daß eine gleiche Wirkung auch bei der zwangs-
weisen Arbeiter-Unfallversicherung nach einem gewissen Zeitraum
eintreten werde. Deßhalb genügt es vollständig, den Arbeiter gesetzlich zum Beitritt überhaupt zu zwingen, und es muß ihm die
Wahl gelassen werden, welcher Kasse er beitreten will.

Ob ferner die Kasse nur für einen gewissen geographischen
Bezirk bestimmt ist, ob sie innerhalb eines solchen sich auf gewisse
Zweige der Industrie beschränkt oder ob sie ohne diese Beschränkung
arbeitet, ob sie rein auf dem Princip der Gegenseitigkeit beruht
oder ob sie auf ein von dritten Personen beschafftes Actiencapital
basirt ist — das sind Fragen, hinsichtlich deren wir uns auf Grund
der bisherigen Erfahrungen dahin entscheiden, daß alle derartigen
Kassen, gleichgültig in welcher Form und mit welchen eigenthüm-
lichen Bestimmungen sie auftreten, unter Beobachtung der gesetz-
lichen Normen zuzulassen sind und dem Arbeiter die Wahl unter
denselben freizustellen ist.

Die Verhältnisse gerade auf dem Gebiet der Unfallversicherung
sind mehr noch wie in den bisher betriebenen Zweigen des Versicherungswesens individuell so außerordentlich verschieden, daß hier
eine Generalisirung, wie sie bei Zwangskassen, noch dazu bei lokal
begrenzten, stattfinden müßte, nur schwere Schäden verursachen könnte.
Ein Moment aber spricht noch ganz besonders gegen solche Kassen,
nämlich die geringe Seßhaftigkeit der Arbeiterbevölkerung.
Dieses Moment ist mehr versicherungstechnisch als social. Es liegt
in ihm ein specifischer Unterschied von den öffentlichen Gebäude-

Feuer-Versicherungs-Anstalten, die eine Generalisirung allenfalls vertragen können, weil ihre Objecte ja „unbeweglich“ sind, und daher jeden Augenblick einer revidirenden Controle unterzogen werden können. Das ist aber bei dem fluctuirenden Theil der Arbeiterbevölkerung nicht möglich. Das Anschließen an eine Zwangskasse würde diese Thatsache aber so gut wie ignoriren, und es ergäben sich Consequenzen daraus, welche nur unheilvoll wirken könnten.

Die enge Verbindung des socialen mit dem versicherungstechnischen Moment zeigt sich vor Allem in der Frage nach der Aufbringung der Beiträge, hinsichtlich der ein allgemeines Einverständniß wohl nur über zwei Punkte vorhanden ist; erstens nämlich darüber, daß der Arbeitnehmer allein sie nicht aufbringen kann, und zweitens darüber: daß der Arbeitgeber dazu mit heranzuziehen ist.

Streitig ist: ob als Dritter der Staat einen Zuschuß leisten solle. Bekanntlich hat sich die überwiegende Mehrheit des Reichstages dagegen erklärt, aus Gründen, denen wir uns anschließen, und die im Wesentlichen folgende sind:

Der Staat überschreitet mit einem solchen directen Eintreten für einen Theil seiner Angehörigen auf Kosten des anderen seine Zwecke überhaupt;

er begeht dadurch einen nicht nothwendigen, also nicht gerechtfertigten Angriff auf das Privateigenthum der Gesammtheit der Steuerzahler, d. h. eine theilweise Expropriation vom Kapitalbesitz ohne Entschädigung;

er erweckt dadurch in den Begünstigten die Meinung, daß ihnen an sich ein Recht auf Staatsunterstützung zustehe, und dadurch den erklärlichen Wunsch, eine solche Unterstützung weiter und weiter ausgedehnt zu sehen;

er erzeugt durch die Nichterfüllung dieses Wunsches eine gefährliche innere Unzufriedenheit und verstärkt die Partei der Socialdemokraten;

er legt den Steuerzahlern unübersehbare, weil stetig wachsende Verpflichtungen auf, und erzeugt dadurch auch bei ihnen Unzufriedenheit;

er betritt also eine schiefe Ebene, auf der er naturgemäß immer tiefer hinabsinken muß, und deßhalb erscheint die Schlußfolgerung: den Staatszuschuß principiell abzulehnen, gerechtfertigt. Principiis obsta!

Diesen Gründen möchten wir noch die Erwägung hinzufügen, daß der Staat durch die Begründung einer obligatorischen, monopolisirten Reichs=Unfallversicherungs=Anstalt — in eine solche würden sich die etwaigen Landes=Anstalten schließlich vereinigen müssen — auflösend und zerstörend in die auf dem Boden praktischer Erfahrungen sich aufbauende Privatthätigkeit auf diesem Gebiet eingreift, — ein Verfahren, welches hemmend und lähmend für künftige Unternehmungen wirken muß, und also schädlich ist.

Mehr versicherungstechnisch als social ist die Frage nach der Höhe der Beiträge bei der geplanten öffentlichen Kasse überhaupt, und mehr social als technisch die nach ihrer Vertheilung unter Arbeitnehmer und =Geber.

Was die Höhenfrage anlangt, so ist das zu ihrer Beurtheilung vorhandene statistische Material keineswegs genügend. Die Volks=zählung vom 1. December 1875 (geschweige die von 1880) ist in der Bearbeitung der Zahlenergebnisse noch nicht bis zu dem Punkte vorgeschritten, um das ungefähre gegenwärtige Verhältniß der von dem Plane betroffenen Arbeiterbevölkerung beurtheilen zu können, und es müßte daher auf das durch die 1871er Zählung gebotene Material trotz der inzwischen eingetretenen Verschiebungen zurückgegriffen werden.

Damals waren im deutschen Reich einschließlich Elsaß=Lothringen vorhanden: an männlichen erwerbsthätigen Arbeitern beim Bergbau, Hüttenwesen, Industrie und beim Bauwesen 2,366,757

an weiblichen desgl. 860,718

zusammen 3,727,425

Haben sich diese Arbeiter in dem gleichen Verhältniß, wie die Bevölkerung Preußens, vermehrt, so ergäbe dies für den 1. Dezember 1880, wie die Magdeburger Allgemeine Versicherungs=Actien=Gesellschaft berechnet hat, eine in Frage kommende Gesammtarbeiter=bevölkerung von etwa 4 123 923 Personen. Nun hatte die genannte Gesellschaft, eine der größten Deutschen Unfall=Versicherungs=Gesellschaften, während ihrer neunjährigen Geschäftsthätigkeit durchschnittlich jährlich 597 Todesfälle durch äußere gewaltsame Veranlassung auf 1 Million Versicherter zu verzeichnen gehabt.

Nimmt man dieses Verhältniß als im Allgemeinen über=
haupt zutreffend an, so würde die Frage also die sein: was durch
den Tod resp. die gänzliche oder theilweise Invalidität jener Ver=
letzten, d. h. 597 auf 1 Million, oder 2 462 auf 4 123 922 Per=
sonen — eine Zahl, die jährlich in arithmetischer Progression
steigt, und wovon nur die inzwischen eintretenden Todesfälle in Ab=
zug zu bringen wären — an Mitteln aufzubringen sein werde, und
wie diese Summen theils auf die verschiedenen, an den aus dem
Gesetz entspringenden Rechten und Pflichten theilnehmenden Arbeiter=
klassen, theils auf die Unternehmer zu vertheilen wären.

Nach den von der Magdeburger Gesellschaft aufgestellten Be=
rechnungen beträgt die Zahl der zu versorgenden Personen

$$\text{im 1. Jahre . . 2 462}$$

und würde sich steigern

$$\text{im 5. Jahre auf 12 034}$$
$$\text{„ 10. „ „ 23 324}$$
$$\text{„ 15. „ „ 33 755}$$

für welche, ein Durchschnitts=Einkommen der Versicherten von
800 Mark, eine Invaliditätsrente von 533$\frac{1}{3}$ Mark, eine Wittwen=
pension von 160 Mark und eine Waisenrente von 80 Mark jähr=
lich vorausgesetzt, zu zahlen sein würden

$$\text{im 1. Jahre Mark 1 313 067}$$
$$\text{„ 5. „ „ 6 418 133}$$
$$\text{„ 10. „ „ 12 439 467}$$
$$\text{„ 15. „ „ 18 002 667}$$

und es wären dafür, einen Zinsfuß von 4% und die vierteljähr=
liche Vorauszahlung aller Renten und Pensionen angenommen, an
Reserven erforderlich

$$\text{im 1. Jahre Mark 20 287 400}$$
$$\text{„ 5. „ „ 96 090 078}$$
$$\text{„ 10. „ „ 178 351 837}$$
$$\text{„ 15. „ „ 246 159 043}$$

Diese Zahlen, welche eine absolute Richtigkeit nicht beanspruchen,
gewähren jedoch immerhin ein anschauliches Bild von der unge=
fähren Gesammthöhe der aufzubringenden Leistungen.

Aeußerst heikle, und noch durchaus nicht genügend klargestellte
Fragen sind nun aber die nach der Vertheilung der Gesammtleistungen

auf die einzelnen Gewerbe, und nach der Belastung des einzelnen
Arbeiters. Für die erstere ist kein geeignetes Material vorhanden;
es fehlt durchaus an einer entsprechenden Lohnstatistik, und hinsicht=
lich der zweiten hat die Discussion über die Principien erst begonnen.
Diese beiden Fragen sind nun aber gleichzeitig versicherungstechnisch
wie social, und sie sind weder nach der einen noch nach der anderen
Richtung hin spruchreif. Bis jene Statistik nicht beschafft, und bis
diese Principien=Erörterung nicht zu einem gewissen Abschluß in den
Fundamentalfragen gelangt ist, erscheint uns eine Einführung der
obligatorischen Arbeiter=Unfall=Versicherung als ein ungenügend vor=
bereitetes Experiment, vor welchem wir dringend warnen zu müssen
glauben. Es kommt wirklich gar nichts darauf an, ob die Entscheidung
noch einige Jahre verschoben wird, aber sehr viel, ob die maß=
gebenden Principien erschöpfend geprüft sind.*)

„Was praktisch nicht durchführbar, das ist theoretisch unhaltbar.‟
An diesen Satz Wagner's knüpfen wir wiederum an.

Aus der oben genauer dargelegten Natur der Versicherung
ergiebt sich, daß sie neben den sie objectiv charakterisirenden Mo=
menten auch ein subjectives in sich trägt, welchem gegenüber eine
auch nur approximative Schätzung der Durchschnittsgefahr unmöglich

---

*) Die Franzosen geben uns ein vortreffliches Beispiel, wie weit die Un=
fallversicherung, selbstredend nur als Privatindustrie, ausgedehnt werden
kann; wir reproduziren deshalb nachstehende Mittheilung einer Fachschrift:

In den Prospekten und Inseraten der Französischen Gesellschaften
finden wir:

1. die Versicherung der Arbeitgeber gegen Haftpflicht;

2. die Versicherung der Arbeiter durch den Arbeitgeber gegen Unfälle
im Beruf, haftpflichtige wie nichthaftpflichtige;

3. eigene Versicherung der Arbeiter gegen Unfälle im Beruf;

4. dieselbe gegen Unfälle auch außerhalb des Berufs;

5. die individuelle Versicherung von Personen jeden Standes und
Berufs gegen Unfälle zu jeder Zeit und an jedem Ort;

6. die Versicherung der Sicherheits= und Douane=Beamten gegen Un=
fälle im Dienst;

7. desgleichen der Forstbeamten;

8. desgleichen der Feuerwehren;

9. die Versicherung von Militairpersonen gegen Unfälle beim Exerciren
und Manövriren;

10. die Reiseversicherung für Passagiere jeden Standes;

11. dieselbe für das Transport=Betriebspersonal;

12. die Versicherung von Pferden und Wagen.

ist. Das Vorhandensein dieses subjectiven Moments zu erkennen, erfordert eine nur durch langjährige Uebung zu gewinnende Erfahrung, der sich eine, fast möchten wir sagen, instinctive Begabung zugesellen muß. Dieses subjective Moment läßt sich am wenigsten durch Beantwortung formularmäßiger Fragen, durch die Ausfüllung von schablonenhaften Antragsbogen erkennen. Bei der Güterversicherung muß eine Beaugenscheinigung, bei der Personenversicherung eine Prüfung „des Herzens und der Nieren" vorangehen. Solche Prüfungen vorzunehmen, ist aber ein Staatsbeamter, der nur nach seinem Regulativ handelt und handeln darf, außer Stande. Wagner will nun eine solche Prüfung überhaupt nicht, sondern er will allgemeinen Zwang zum Beitritt, nicht nur in der Feuer= sondern auch in den übrigen Zweigen der Sachversicherung und in der Lebensversicherung.

Bleiben wir zunächst bei der ersteren stehen.

Durch den allgemeinen Beitrittszwang wird das in der freiwilligen Versicherungsnahme Seitens des Publikums liegende ethische Element der Versicherung einfach eliminirt. Die Erfahrung hat tausendfältig bewiesen, daß die Versicherung gegen Feuersgefahr — wie überhaupt gegen alle möglicherweise von Menschen selbst herbeizuführende Gefahr — die Versuchung zur Spekulation, zur widerrechtlichen Bereicherung in sich schließt und aus diesem Grunde ist der Versicherungsvertrag immer als ein contractus bonae fidei im eminenten Sinne aufgefaßt worden. Die Erkenntniß, daß öffentliche Beamte zur Auffindung des Vorhandenseins solcher verbrecherischen Versuche unfähig seien, hat die Preußische Regierung bereits im Jahre 1831 voll und klar besessen. Sie sagte darüber in der Denkschrift, mit welcher sie den, den Provinziallandtagen zur Begutachtung vorgelegten Gesetzentwurf über das Mobiliar=Feuerversicherungswesen begleitete, wörtlich Folgendes:

„Den Gedanken, für die Mobiliar=Versicherungs=Gegenstände ähnliche öffentliche und gegenseitige Societäten, wie für die Gebäude, zu bilden, muß man aufgeben; denn abgesehen davon, daß die Sicherstellung der Mobiliar=Vermögensstücke vor Feuersgefahr kein so allgemeines öffentliches Interesse hat, wie diejenige der Gebäude, so ist auch rücksichtlich der Einschätzung der zu versichernden Gegenstände, ihrer Erhaltung,

des Nachweises des Eigenthumsrechts und seiner Fortdauer,
des Nachweises ihrer Vernichtung durch Brand u. s. w. und
der vielfach dabei möglichen Betrügereien und Simulationen,
die Ausführung so großen inneren Schwierigkeiten unterworfen,
daß sich von einer ausgedehnten öffentlichen Verwaltung jeden=
falls kein gedeihlicher Erfolg erwarten ließe; sie kann nur
in der Privat=Industrie gedeihen und muß dieser schon über=
lassen werden."

Trotzdem vindicirt Wagner nicht nur den öffentlichen Societäten
den Beruf, auch die gesammte Mobiliarversicherung zu übernehmen,
was er vielleicht unterlassen hätte, wenn ihm bei Abfassung seiner
Schrift jene Ansicht der Staatsregierung bekannt gewesen wäre, sondern
er führt dafür noch ein ganz eigenthümliches, das Schiefe seiner
ganzen Auffassung dieser Frage in grellstes Licht stellendes Moment
ins Gefecht.

Er sagt nämlich: man entgehe damit den außerordent=
lichen Schwierigkeiten einer Regelung des Verwaltungsrechts der
privaten Versicherung. Wenn wir davon absehen, daß dies kein
volkswirthschaftliches Moment ist, und daß es in das socia=
listische System ebensogut als in jedes andere paßt, weil es eben
lediglich eines der Opportunität ist, so müssen wir es doch ent=
schieden als völlig unwissenschaftlich und unstaatsmännisch bezeichnen,
einen verwickelten — übrigens keineswegs so verwickelten Knoten, wie
Wagner meint — einfach durchhauen zu wollen, statt die Lösung auf
dem freilich schwierigen, aber durchaus nicht absolut ungangbaren Wege
der allmähligen Entwirrung zu suchen. Wem freilich der gute Wille
dazu fehlt, wer meint, einfach durch die schreiende Ungerechtigkeit
einer gänzlichen Depossedirung der Privatgesellschaften das vorhan=
dene Uebel beseitigen zu sollen — dem gegenüber ist eine rein sach=
liche Discussion unmöglich, denn er führt die Sprache eines Partei=
Agitators, keines wissenschaftlichen Forschers.

Was die übrigen Zweige der Sachversicherung anlangt, von
denen Wagner zunächst für die Ueberführung der Hagel=*) und der

---

*) Es mag bei dieser Gelegenheit noch daran erinnert werden, daß im
Laufe dieses Sommers die bayerische Regierung eine Enquete über die Mög=
lichkeit einer obligatorischen Hagelversicherung hat anstellen lassen, und daß
deren Resultat ein durchaus negatives war. Das General=Comité der

Vieh=Versicherung in öffentliche Verwaltung mit Beitrittszwang plaidirt, während er für die Transport=, namentlich aber für die See=Versicherung ein solches Bedürfniß noch nicht als dringend anerkennt, so gilt hier im Wesentlichen dasselbe, wie von der Feuerversicherung.

Endlich geht Wagner auf das Gebiet der Lebens=Versicherung über, wo er die gleichen Forderungen wie für die Sachversicherung stellt, ohne irgend einen specifischen Grund gerade für diese Branche beizubringen. Alles, was wir ihm dort entgegengehalten haben, gilt also auch für diesen Zweig. Die „Auswahl der Risiken" ist ihm auch hier eine Ungerechtigkeit, die er durch die — doch viel größere — ausgleichen will, daß er die Gesunden für die Kranken mitbezahlen läßt; d. h. also — die Tarife müssen erhöht werden, und die Einzelnen sich mit geringeren Versicherungssummen begnügen. Um wie viel das eine oder das andere geschehen müßte — darüber fehlen statistische Untersuchungen gänzlich. Wagner selbst schweigt darüber, wie er sich die practische Ausführung denkt. Gerade das aber wäre doch das wichtigste gewesen, wenn schon er in dieser Monographie nur „principielle" Erörterungen geben wollte, d. h. nach unserer Auffassung: Theorien ohne Inhalt. Wir bleiben also den letzteren erwartend. So lange sind jene werthlos.

Nur eine Frage wollen wir an ihn stellen: woher soll der Arme überhaupt die Mittel nehmen, selbst nur die geringste Lebensversicherungs=Prämie zu zahlen? Wagner könnte uns vielleicht mit dem Hinweis auf die englische Lebensversicherungs = Gesellschaft Prudential antworten, welche jährlich mehrere Millionen Policen ausfertigt (zu 5 und 10 Pfund Sterling), und uns sagen: wenn die englischen Arbeiter im Stande sind, dafür die Prämien aufzubringen, so sind es die deutschen auch, und damit wäre der practische Beweis für die Durchführbarkeit meiner Theorie geliefert! Dem müßten wir denn Folgendes entgegnen:

erstlich, werden bei der Prudential die Leben ebenso ausge-

---

landwirthschaftlichen Vereine hat nämlich dem Ministerium die Erklärung abgegeben, daß das Project zur Zeit unausführbar sei. — Wir halten es aus inneren, in der Natur des Gegenstandes selbst liegenden Gründen überhaupt für unausführbar.

wählt, wie bei jeder anderen Versicherungs=Gesellschaft;

zweitens, ist die Versicherung eine freiwillige und der Arbeiter, der die Prämie nicht weiter zahlen kann, muß die Police fallen lassen, wenn sie noch nicht rückkaufsfähig ist. An einen allgemeinen Zwang zum Einkauf denkt im practischen England Niemand — und vernünftiger Weise sollte das in Deutschland auch Niemand thun!

Wir wiesen im Eingange dieser Schrift dem Staat die Aufgabe zu, in drei Fällen selbstständig in die Industrie einzugreifen, nämlich:

erstens, wenn die Privaten es nicht können; diesen Fall hat Wagner den offenkundigen Thatsachen gegenüber nicht als vorhanden zu behaupten gewagt;

zweitens, wenn sie es nicht sollen; dieser Streitpunkt, ob das Versicherungswesen Regal werden soll, bildet den Gegenstand der vorliegenden Blätter; wir glauben, daß Wagner den ihm obliegenden Beweis von der Nothwendigkeit einer solchen Veränderung des bestehenden Zustandes nicht geführt hat, vielmehr beweisfällig geblieben ist;

drittens, wenn sie es nicht wollen; ganz versteckt in einer Anmerkung (S. 47) bringt Wagner als einzigen Beweis für das Nicht=Wollen der Privat=Versicherungs=Gesellschaften, die im vorigen Jahre angeblich nothwendig gewordene Gründung eines Brandversicherungs=Vereins Preußischer Forstbeamten. Es ist, um diese Bemerkung richtig zu würdigen, nothwendig, die Geschichte dieser Gründung kurz zu berühren.

Am 12. December 1879 erließ der inzwischen verstorbene Oberlandforstmeister von Hagen ein Circular an sämmtliche königliche Oberförster, in welchem er mittheilte, daß von vielen Forstbeamten der Wunsch geäußert sei, daß durch Errichtung einer gegenseitigen Brand= und Vieh=Versicherung es allen Forstbeamten ermöglicht werde, vor den Verlusten dieser Art sich zu bewahren. Zu diesem Behufe habe er nun zunächst für einen Brandversicherungs = Verein das erforderliche statistische Material gesammelt. Daraus ergebe sich, daß zu Anfang 1879

	versichert waren:	nicht versichert waren:
Oberförster	624	64
Förster ꝛc..	2145	1202
Waldwärter, Forstwärter	585	1088
zusammen . .	3354	2354

„Sehr viele Forstbeamten, sagt der genannte hohe Beamte dann wörtlich weiter, werden also noch immer von Verlusten bedroht, welche ihre ganze Existenz gefährden. Daß sie hiergegen sich nicht versichert haben, kann nur darin beruhen, daß sie die Gefahr nicht genügend würdigen, oder daß sie wegen der mit Erlangung einer Versicherung verbundenen Weiterungen und wegen Forderung zu hoher Prämien sich zur Versicherung nicht entschließen.“

Der Gründer des neuen Gegenseitigkeitsvereins constatirt zunächst durch seine Zahlenangaben die Thatsache, daß bei weitem mehr Forstbeamte versichert, als nicht versichert sind. Er ist weit entfernt davon, die Ursache der letzteren, negativen, Thatsache in einer principiellen Abstinenz der Versicherungsgesellschaften — wofür er eben keine Beweise hätte schaffen können — zu suchen; findet dieselbe vielmehr in der Negligenz der Beamten selber. Wie kommt also Wagner dazu, eine entgegengesetzte Ursache für diese Gründung als vorhanden anzunehmen, und die Versicherungsgesellschaften eines Verfahrens zu beschuldigen, dessen sie sich erstlich keineswegs generell schuldig gemacht haben, und das zweitens, wenn specielle Fälle wirklich beigebracht werden könnten, doch erst auf jeden einzelnen behaupteten Ablehnungsfall hin geprüft werden müßte!?

Doch genug von diesem angeblichen „Nichtwollen“ der Privatgesellschaften. Es ist charakteristisch für den Angreifer, wie für die Angegriffenen, daß er nichts weiter gegen sie vorzubringen vermochte, als diese minimale Försterversicherung!

MIX
Papier aus verantwortungsvollen Quellen
Paper from responsible sources
FSC® C105338

If you have any concerns about our products,
you can contact us on
ProductSafety@springernature.com

In case Publisher is established outside the EU,
the EU authorized representative is:
Springer Nature Customer Service Center GmbH
Europaplatz 3, 69115 Heidelberg, Germany

Printed by Libri Plureos GmbH
in Hamburg, Germany